世界一のクラスの担任が教える

「自信が持てる子」の育て方

家でできる

自主性 自立性 自己肯定感 やる気 自分で考える力を伸ばす仕掛け

沼田晶弘
東京学芸大学附属
世田谷小学校 教諭

あさ出版

プロローグ

子どもの数だけ「大切なこと」がある

「教育において一番大切なことは何だと思いますか」


これは、いろいろな人がボクに投げかけてくる質問です。

小学校の教師であり、「世界一のクラス」のタンニンを自称しているボクに、期待を寄せて尋ねてくださるわけです。

でも、申し訳ない。

ボクはこの質問には答えられません。

なぜなら、一つには決められないからです。


子どもたちは、それぞれにまったく異なる個性を持っています。得意なことも、苦手なことも、それぞれに違っています。

その子にとって**大切なことも、また、それぞれに違う**のではないでしょうか。

たとえば、子どもにとって「勉強」と「運動」はどちらが大切でしょう？

ボクは、体力をつけること、学力をつけること、どちらも大切だと思います。

多くのお父さん、お母さんもそう思われるのではないでしょうか。


一方で、こうも思います。

運動が得意で大好きな子に対して、

「やっぱり勉強が大切だから」

と、運動の時間を削ってまで勉強をさせるのは、ちょっと違うなと感じませんか。

逆に、勉強がとても得意で、読書に夢中になっている子に、

「本なんか読むより運動しなさい」

と、ムリに外に連れ出すのも違和感があります。


もちろん、これは極端な例です。

ただ、**運動も勉強もどちらも大切だけれど、どちらに比重を置くかという点については、その子の持つ特徴に合わせて考える必要があると**、ボクはいいたいのです。

これは、どんなことにでも、あてはまります。

「どうしたら子どもたちは、これを楽しくやれるかな」

ただ、一つだけ、子どもたちみんなに共通していえることがあります。

それは、**何はともあれ楽しいのが一番**だということ。

なぜなら、**〝楽しい〟が高じて、「もっと、やってみたい！」という〝やる気〟となり、それを夢中になって続けたときに、「あれもできた！」「これもできた！」と、子どもたちの中に〝自信〟が生まれる**からです。

勉強にしろ、運動にしろ、

「楽しい！」

と感じた瞬間、子どもたちが目を輝かせはじめた経験は、ないでしょうか。

楽しいことなら、子どもたちは、大人に「やりなさい」といわれなくても、自分からやりたがります。

「これをやってはいけないよ」

といわれても、子どもはやってしまいます。

逆に、

「これ、おもしろいからやってみたら」

と勧めても、ちっともやらないこともあります。


まるで天の邪鬼ですが、理由は簡単です。

子どもは自分が楽しいと思ったことをやりたいのです。

やってはいけないといわれても、子ども自身が「それは楽しい」と思っていれば、やりたくなってしまいます。

楽しいという気持ちが続けば、それをやり続けていくことも苦ではないのです。

「それはつまらないな」と思えばやらないのです。

人としてあたりまえのことなのですが、大人はときにその感覚が子どもにもあてはまることを失念してしまうようです。

だからボクはタンニンとして、

「どうしたら子どもたちは、これを楽しくやれるかな」

と、常に知恵を絞るのです。

子どもたちの自信につながった「ダンシング掃除」

学校でやらされる楽しくないことといえば、たとえば「掃除」。

「あそこが汚い」「まだ終わらないのか」と、先生に小言をいわれながらやらされる掃除が、楽しいはずがありません。

「きれいになった！」という喜びで、掃除を終わらせる子はあまりいないはずです。

でも、ボクのクラスは違います。

ボクは何もいいません。手伝いもしません。「君はほうき係」「あなたは雑巾で拭く係」などと役割を決めることもしません。

ただPCを立ち上げて、曲を流すだけです。

ただし、選曲は重要です。ノリがよかったり、サビの盛り上がりがよかったり、踊りやすい曲を選びます。

なぜ、「踊りやすさ」が重要なのかって？

子どもたちが掃除中に、踊るからです。


曲がかかると、子どもたちは一斉に掃除をはじめます。

みなで机といすを移動させ、誰かはほうきを持ち、誰かは雑巾で拭きます。

今、自分ができることを瞬時に判断して動きます。曲がサビに差し掛かったら、全員が掃除道具を床において、踊りはじめます。

サビが終わったら、掃除再開です。


サビで踊ること、そして3曲を流し終えるまでに掃除を終わらせること。

掃除に関して、ボクが子どもたちに指示するのはそれだけなのです。

「なぜ踊る必要があるの？」と思われるかもしれません。

最初はちょっとした思いつきだったのです。

でも、実際にやってみたら、子どもたちが楽しそうに踊るので続けてきました。

続けているうちに、思いがけない効果も生み出しました。

サビで踊るということは、その分、掃除にかけられる時間が短くなります。

だから子どもたちは、**手早く時間内に終わらせるべく、自分たちで工夫するようになった**のです。


たとえば、汚れた雑巾は2、3人がまとめて洗い場に持っていくようになりました。

蛇口の数には限りがあるので、一人ひとりが洗い場へ行くと非効率だからです。

同じ理由で、教室外の掃除用具入れにほうきを片付けるときも、一人ひとりではなく、誰かがまとめて持っていくようになりました。

つまり、子どもたちが自らワザを編み出し、実行して、掃除をより効率的に終わらせてくれるようになったのです。


片付けまで終えて、席についたら、みなで手拍子！

これで掃除は終了です。

この掃除は**「ダンシング掃除」**として、テレビで紹介されたこともあります。

それを皮切りにクラスは、何度も取材を受けるようになりました。

みんなが注目してくれる。すごいといってくれる。

それもまた、子どもたちの自信につながったと思います。

「つまらない」ことはやらない

こんなこともありました。

あるとき、そろばんのできる子どもたちを集めて、こんなお願いをしたのです。

「ボクはそろばんができないから、みんなが先生になって教えてくれない？」

ボクのクラスでは、生徒が先生となって教壇に立つのは珍しくありません。彼らは快く引き受けてくれました。

「今日はそろばんを教えます。でも、ボクはまったくできないので、そろばんのプロをゲストに呼んでいます！　それでは先生方、どうぞ！」

ここで一曲。

漫才頂上決戦「M―1グランプリ」の登場曲でおなじみ、ファットボーイ・スリムの『Because We Can』とともに、お願いしてあった先生役の子どもたちが突然席から立ち上がり、前に出ました。

クラスのみんなは曲に合わせて、ノリノリでそろばんを振り、笑顔で彼らを歓迎して、その後しっかりそろばんを学びました。

実はこの日もまた、テレビの取材が入っていたのです。

子どもたちは慣れたもので、それほど気にはしません。

一方、取材にきたテレビ局の方は、授業のあとで心配そうに声をかけてきました。

「子どもたちはなぜ、そろばんを振ったんですか？　そもそも、そろばんって振っていいものでしょうか？　この映像をテレビで流してしまっていいんですか？」

「構いませんよ。でも、子どもたちがそろばんを振ったのは、最初の一回だけでしたよね。そのこともちゃんと伝えてくださいね」

ボクはそう答えました。

確かに、そろばんは振って音を出す道具ではありません。子どもが振ってガチャガチャいわせていれば、大抵の大人は「振ってはいけません」と叱るでしょう。

それでも子どもは振ります。振るのが楽しい、音が鳴るのがおもしろいと思っているから、叱られたって振ります。振ってはいけないとわかっていて振ります。

その上、

「やってはいけない」

と大人にいわれると、子どもは余計にやりたくなります。

ただ、この日、子どもたちがそろばんを振ったのは、先生役が登場するとき音楽に合わせて振った、その一回だけでした。

授業がはじまってから、そろばんを振って遊ぶ子は一人もいませんでした。

ボクは「振ってはいけないよ」などとひと言もいっていません。でも、彼らは振らなかった。

なぜなら、授業の初っ端で、一番楽しいことをやってしまったからです。

最高にノリノリな音楽に合わせて、全員でそろばんを振りながら先生役の子たちを迎えたときの一体感。彼らにとってそれは、とても楽しい瞬間だったはずです。

一番楽しいことをすでにやってしまったあとでは、一人でそろばんをフリフリしてみても、つまらない。ちっとも楽しくありません。

つまらないことは、やらないのです。

「こうなってほしい」ではなく「どうなりたい？」「どうなってくれる？」

このように、「どうすれば楽しくなるか」をいつも考える一方で、ボクが絶対にやらないことがあります。それは、子どもたちに対して、

「こうなってもらおう」

という理想像のようなものは、持たないということです。

「良い子になってほしい」

「勉強をさせよう」

「野球選手になってほしい」

「お医者さんになってくれたら」

大人は、そんなふうに子どもに期待をかけがちです。

でも、ときにそれは、子どもの気持ちや持って生まれたものに対して、ひどく乖離してしまうこともあります。

だからボクは、

「この子は、どうなりたいんだろう？」

「一体、どうなってくれるんだろう？」


という気持ちで、いつも子どもたちを見ています。

自分に置き換えて考えてみてください。

たとえば仕事で、

「君は必ずこのプロジェクトを成功させるように」

と自分にいってきたのが、プロジェクトを一度も成功させたことがない人だったら、

「この人は何をいっているんだろう」とイラッとしませんか？

さらにはそのプロジェクトが、自分の専門とする分野とかけ離れたものだったとしたら、ひどく困惑するはずです。


子どもだってきっと同じです。

好きでもないこと、得意でないことをやらされれば、嫌な気持ちになります。

もちろん、それをきっかけに新しい一面が見つかることもあるでしょう。

しかし、それが自信や成功にまで結びつくには、やはり子どもたちの内側から意欲がわいてこなければ難しいだろうと思います。

まだ、夢も目標も定まっていないうちに「こうなりなさい」と、期待をかけられても戸惑うでしょう。


大人が必死になって教えたり、学ばせようとしても、子どものほうに、

「学びたい」

「やってみたい」

という気持ちがなければ、身につかないものです。

「もっとがんばればできる！」

といわれても、

「でも、お父さんはできないじゃん」

「じゃあ、お母さんがやってみれば」

といいたくなってしまうのです。


子どもが成長するのは、子どもの中にやる気があるときです。

やる気があれば、子どもは勝手にがんばってくれます。

子ども自身の力で伸びていきます。

それが自信につながっていきます。


そんなこともやれてしまうのか。そこからアプローチしてくるのか。

そんなふうに、日々驚かされることがたくさんあります。


ですから、**大人がやるべきことは、子どもに「やらせる」ことではない**とボクは思います。

「この子はどうなりたいのか」を知ることです。

そして、子どもがやりたいと思ったとき、学びたいと思ったとき、それを実行できるように、環境や準備を整えてあげることではないでしょうか。

「あの手」「この手」で諦めてはダメ「他人の手」も「猫の手」も、使えるものは何でも使おう

子どもたちが、

「やってみたい」

と思ったときの気持ちは本物です。その瞬間に芽生えるやる気も本物です。

でも、やる気というのは、あまり長続きしないことがあります。

ものすごく興味があることや、楽しいと感じて夢中になったことでも、次第に飽きがくるものです。

大人だってそうですよね。

一つのことに対して、永遠に変わらぬ興味とやる気を持ち続け、常に変わらず没頭し続けられる人などそうそういません。

たまには他のことに目を向けている時期があったり、すっかり情熱を失って別のことに夢中になったり、長らくやっていなかったことに、改めて興味がわいてきたりと、やる気にも浮き沈みがあります。

子どもも同じなのです。

一度やる気になったことでも、しばらく続けていれば飽きてきます。

とくに、子どものまわりでは毎日、新しいことがたくさん起こりますし、そもそも、おもしろいこと、楽しいことがたくさんあって目移りしがちなのです。

やる気があることでさえ、そうなのですから、やる気がないことに関しては、なおさらでしょう。

だからボクは子どもたちが楽しいと思えるまで、手を替え品を替え、いくつもの提案や問いかけをします。

やる気を引きだせるまで、あの手、この手、あっちの手、そっちの手と、あらゆる手を尽くして子どもたちに仕掛けていきます。

また、

「これは楽しい！」

とやる気になってくれたからといって、安心してはいられません。

今度は、**また違う手を使って、子どもたちのやる気が失われないように工夫します。**

ときには、他人の手でも、機械の手でも、猫の手でも、子どもたちを飽きさせないためなら、ありとあらゆる手を使います。

彼らが夢中になってからも、〝その手〟も〝どの手〟も〝誰の手〟でも利用して、その興味が長続きするようにチャレンジします。

「あの手、この手」くらいのレベルで、諦めてなどいられません。

でも、多くのお父さん、お母さんは、諦めてしまっているような気がします。

「どうすれば、子どもがやる気になりますか」

と問いかけてこられる親御さんたちは、きっと「やれることはやった」と思いながら、実際には「あっちの手」や「そっちの手」まで使うことなく、諦めてしまっているのではないでしょうか。

そこで、**世の中のお父さん、お母さんたちにとっての「あっちの手」「そっちの手」——つまりは「仕掛け」となるヒントを、たくさんまとめたのが本書**なのです。

タンニン「ぬまっち」と「世界一のクラス」

ちなみに、冒頭から何度も登場している「世界一のクラス」とは、ボクがタンニンを受け持った歴代のクラスのことです。

2007年に3年生を初タンニンした「初代・世界一のクラス」以来、2018年現在7代目となっています。

また「タンニン」とは、すでにおわかりかもしれませんが、漢字で書くと「担任」です。お父さん、お母さんは漢字表記のほうが見慣れているでしょう。

でも、ボクとクラスの子どもたちとの関係を考えると、どうにも偉そうに見えてしまって、違和感があります。

カタカナのほうが合っていると思うから、学級通信にも「タンニン」と書くようにしていますし、本書でも同じようにしました。

ボクとクラスの子どもたちとの関係は、一般的な先生と生徒の関係とは少し違っているかもしれません。

ボクは、彼らを仲間だと思っています。

「世界一のクラス」を築き上げていく仲間です。

だから、子どもたちもボクのことを「ぬまっち」と呼びます。

職員室や対外的な場ではきちんと「先生」と呼ぶように指導しますが、クラスのなかでは、授業中でも、子どもたちに「ぬまっち」と呼ばれるのはいつものことです。

ですから本書にも、彼らがボクのことを「ぬまっち」と呼ぶ場面が登場します。

そうあることが、ボクと子どもたちとのちょうどいい距離感なのです。

これから紹介するたくさんの「あっちの手」「こっちの手」は、タンニン「ぬまっ

ち」の歴代「世界一のクラス」の子どもたちとの関わり方や、一緒に実践してきたことばかりです。

つまり、すでに**その効果は実証済み**だということです。

ただ、一方で、ボクは「親」ではなく、「小学校の先生」です。

ですから、ボクのクラスの子どもたちがやる気を持ってくれた方法、そのやる気をいつまでも失うことなく持ち続けてくれた方法を、そのままご家庭に持ち込むことは難しいだろうと思います。

また、あくまでボクと子どもたちとの関係性があってこそのやり方ですから、お父さん、お母さんには上手くアレンジしていただく必要があります。

しかし、子どもたちとの関わり方において大切なものは同じです。

ポイントを押さえつつ、お子さんに合うように上手にアレンジしてもらえれば、お父さん、お母さんたちが、

「ちょっと困ったな」

と感じたとき、その打開策につながるヒントとなるのではないか。

そう考えました。

子どもたちと向きあうとき、声をかけるとき、様子をうかがうとき、褒めるとき、叱るとき……。

さまざまな場面で、お父さん、お母さんが悩んだり迷ったりしたとき、本書が何らかの助けになれたら幸いです。

もくじ

プロローグ　3

1章

〝自分から勉強をする〟ようになる「あの手」

「目的のない勉強は楽しくない」という事実を前提に考える　32
――勉強を「楽しみの時間」に変えてしまう

「仕掛け」でやる気を燃え上がらせ、持続させる　40
――食いつくのは〝魅力的な提案〟と〝気になる情報提供〟

〝発破〟をかけるのは「もっとできる」と信じているとき　51
――「ダメ出し」が〝褒めている〟〝認めている〟につながっている

2章

ついつい〝夢中になって〟続けてしまう「この手」

「やる気の新芽」には、すかさず水をたっぷりあげる　58
――「やってみたいな」という気持ちを大事にする

「自分で考える力」を身につけさせる　61
――「OK、Google」の先を目指す

「やりたくないけど、仕方がない」という状況をつくる　72
――自分から宣言させ、きちんと実行させる

「見通し」を共有する　81
――「早くしなさい！」だけでは動かない

「課題」「制限」「報酬」の三つでワクワク・ウズウズさせる　87
――「やらされるもの」から「やりたくてたまらない」ものに

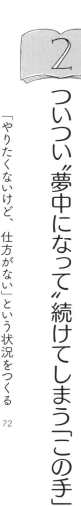

動機づけを「ご褒美」から「やる気」「プライド」へと変化させる　95
——〝同じもの〟が続けば誰でも飽きる

同時並行でいくつものことをやってみる　109
——やってみて、はじめてわかる。わかることが大事

3章

子どもが〝もっと伸びる〟褒め方「他人《ひと》の手」

「ただ、褒めればいい」わけではない　120
——〝褒め言葉〟をかける前に踏んでおくべき「5つの段階」

心のままに大喜びしてみる　126
——お父さん、お母さんの笑顔は〝かけがえのないご褒美〟

手を替え、品を替え、何度も何度も褒める　131
——「ちゃんと見てくれている」「わかってくれている」と感じさせる

〝過不足なく〟褒め、「なぜ？」「どうして？」を大事にする 137
——伸びる子の家の二つの特徴

子どもを誰かと比べない 146
——優劣をつけたりしなくても、伸びる場面はたくさんある

まずは、〝めいっぱい期待し、信じる〟ことから 152
——期待される子は伸びる

4章 なんでも〝やり抜く力〟をつける「神の手」

「教える」と「やらせる」は区別して考える 162
——「任せる」と決めたなら、手や口を出さない

本気で取り組むと、本気で悔しい 167
——「苦い経験」もまた貴重

「できないから仕方がない」ではなく「できるところまで精一杯やる」 177
——「うしろを振り向くこと」が有効な場合もある
ほんのちょっと〝おまけ〟をするだけで 182
——「神の手」は〝自信〟や〝達成感〟の後押しになる
親のがんばる姿は、子どもの何よりの起爆剤 187
——口うるさくいうより、態度で示す
「ただじっと待つ」ことも、ときには必要 194
——〝背中を押すタイミング〟を間違えない

5章 子どもと〝じっくり向き合って〟いくための「あらゆる手」

「この子はこんな子」と決めつけない 202
——大人の接し方次第で「問題児」にも「スター」にも

子どもに「本音」を聞くために　210
――日頃から〝信頼関係〟を積み重ねる
ゲームは「悪い」わけではない　219
――大事なのは付き合い方のバランス
〝もののいい方〟一つで、受け止め方は大きく変わる　226
――「廊下を走るな！」ではなく「歩け！」
あえて「ポジティブ」に考える　235
――叱る前に〝解決法〟を探ってみると
〝本音〟は「タイミング」と「聞き方」で引き出せる　242
――話すこと、話さないことを選択するのは「成長の証」

エピローグ

親御さんの最も大切なつとめは
「無条件の愛情」と「自信」をお子さんに与えること　252

本文デザイン／ｍｉｋａ
編集協力／玉置見帆

1章

“自分から勉強をする”ようになる「あの手」

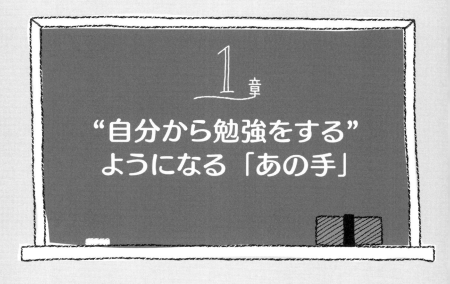

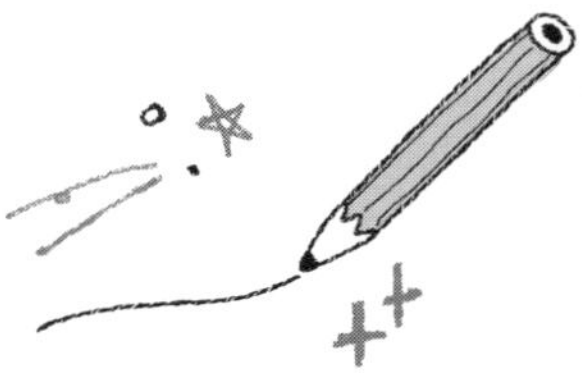

「目的のない勉強は楽しくない」という事実を前提に考える

――勉強を「楽しみの時間」に変えてしまう

学校から帰ってきたお子さんが、ランドセルを放り投げて、そのまま遊びに出ていこうとしたとき。おやつ片手にテレビを見ようと、座り込んだとき。

お父さん、お母さんは、ついついこういいたくなります。

「宿題はやったの？」

「遊ぶのは、勉強が終わってから！」

親御さんだって、小言をいいたいわけじゃありませんよね。

でも、「勉強しなさい」といいたくなる。それは大人が、

「勉強はとても大切」

「必ず役に立つから、やっておいたほうがいい」

と、身をもって知っているからです。逆にいえば、子どもはまだそれに気づいてい

ないから、勉強をしたがらないのです。


でも、考えてみてください。

その昔、お母さん、お父さんがまだ子どもだったころ、何をおいても勉強がしたくなるほど、勉強が大好きでしたか？

そんなことはないだろうと思います。勉強するのがものすごく楽しかった、という記憶はあまり多くないのではないでしょうか。


タンニンとして子どもたちとかかわるとき、ボクは常に、

「目的のない勉強は楽しくないもの」

という事実を前提に考えます。

そうです。プロローグでも触れたように、**「楽しい」ことなら「やりなさい」といわれなくても、自分からやりたがる**のです。


何のためにやっているのか、わからない勉強なんて楽しくない。

やりたくないと思うのも当然だよな。

でも、こんな提案をしてみたら、興味を持ってくれるんじゃないだろうか。

こんな問いかけをしてみたら、目的を理解してくれるんじゃないだろうか。


ボクは、「楽しくない」が「楽しい」に変わる方法をいつも考えているのです。

「どんなふうに〝おもしろく〟やらせてくれるの?」

「あのさ、今日からみんな、都道府県の『観光大使』に勝手に就任するから」

ある日、ボクは子どもたちにそういいました。

彼らは突然のことに「なに!?」と目をむき、「勝手にやっていいの?」「そんなのムリでしょ」「え? できるの?」と口々に騒ぎはじめます。

食いつきは上々。予想通りの反応です。

「できるよ!『勝手に』なんだから」

「『勝手に』やるの。『自称・観光大使』だよ」

「つまり『勝手に観光大使』だな」


ことさら「勝手に」をアピールしてみました。

すると子どもたち、このフレーズがそこそこ気にいったようで、「なるほど『勝手に』なのね」「『勝手に』だったらやれるか……」と何やら納得した様子。

そして、誰かがいいました。

「それで何をやるの？」

子どもたちのやる気に「種火」がついた瞬間です。


子どもたちは最初、「うちのタンニンが、また変なことをいい出した」と思ったでしょう。ただし、学校の先生がいい出したことですから、「何か勉強させられるようだぞ」というのは、みんな察しています。

勉強しなければいけないことも、ちゃんとわかっています。

でも、**どうせなら楽しくやりたい**のです。

「どんなふうに〝おもしろく〟やらせてくれるの？」

と、子どもたちはいつも待ち構えています。

そこに、「勝手に」だの「観光大使」だのと、勉強とはリンクしそうにないような予想外のフレーズをいわれ続けたことで、

「ちょっとおもしろそうじゃない？」

「おもしろいなら、やっちゃおう！」

という気になったのです。

いつもなら乗り気がしないんだけど、今回はなんかおもしろそうだし、やってもいいかな。

子どもたちの期待は膨らみました。

彼らがボクの提案について、詳細を聞きたくなったのはそういうわけでしょう。

ボクがここで伝えたかったことは、**本来学びとは楽しいもの**であるはずだということです。

しかし、この勉強を何のためにしているのか、いつ役に立つのか、その意味をわかっている子どもはそれほど多くないから、

「勉強はつらいもの」

になってしまいます。

楽しくないと思っているのですから、それを「やりなさい」と親御さんが口を酸っぱくしていっても、お子さんがやる気になれないのは仕方がありません。

「勉強さん」に、ときめいてもらうために

「ゲレンデマジック」という言葉を、知っている方も多いはずです。

ゲレンデでは、不思議と異性が何割増しか魅力的に見えますよね。つまり、見た目にあまり自信がなくても、ゲレンデならモテることも不可能ではないわけです。

ボクが思うに、「勉強」を人にたとえるなら、性格もすごくいいし、知識は深くて頼りになり、話題も豊富で一緒にいて楽しいけれど、たぶん見た目はそれほど良くなく、あまりモテないのです。

ボクたちは日常で出会っても、「勉強さん」にはトキメキません。

そこで、出会いの場をゲレンデに変えてみます。

見た目の問題は、ゲレンデマジックでクリアされます。

内面はもともと文句なしですから、ボクたちは身も心も「勉強さん」の虜になってしまうかもしれません。


ゲレンデを降りてから少々見た目にがっかりしても、

「でも、他の誰よりも頼りになる」

「他の誰よりも一緒にいて楽しい」

と、すでに知っているから、「勉強さん」の魅力は損なわれないのです。


子どもたちがまだ勉強の大切さ、おもしろさに気づいていないなら、ムリやり勉強と向き合わせたところで、やる気になってはくれないでしょう。

そういうときは、**お父さん、お母さんが、「ゲレンデでの勉強さんとの出会い」をお子さんに演出してあげてください。**

つまらないはずの勉強が、すごくおもしろくて、興味深く、楽しいものに見えるような勉強のやり方、アプローチの方法を提案してあげてください。

お子さんに学んでほしいこと、身につけてほしいことがあるのであれば、

「これをやったら、すごく楽しい」

と、子どもが実感できるような演出をしてあげてはどうでしょう。


一度やってみて、「本当に楽しい！」と実感できると、

「またやってみたい。もっと楽しみたい」

と、子どもはやる気になってくれるものです。

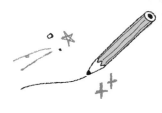

「仕掛け」でやる気を燃え上がらせ、持続させる

――食いつくのは〝魅力的な提案〟と〝気になる情報提供〟

さて、前項にて「『勝手に観光大使』をやろう！」というボクの提案を聞いて、

「何をやるの？」

と、ちょっとだけやる気がわいてきた子どもたち。

これは、たとえるなら赤ちゃんに、

「遊んでみる？」

と新しいおもちゃを差し出したら、ぎゅっと握ってくれたような状態です。

気に入ったようだと喜んだのもつかの間、赤ちゃんはポーンとおもちゃを放り出してしまうかもしれません。

ですから、握ってくれただけで安心せずに、

「握る場所を変えると、手触りも変わるよ」

「振ってみたら、おもしろい音がでるよ」

と、楽しみ方を教えてあげる必要があります。

赤ちゃんがそれを見て、

「楽しそう！　やってみよう！」

と思い、にぎにぎしたり、ぶんぶん振ったりすれば、そこではじめて、お父さん、お母さんによる、新しいおもちゃの提案は成功したといえるのです。

つまり、

「何をやるの？」

という段階では、ボクはまだまだ気を抜けません。

子どもたちの心の中に灯った小さな火を、さらに燃え上がらせ、

「これはやってみたい！」

「やってやるぞ！」

と思ってもらえるまで、燃料を投下し続けるのです。

仕掛けて、仕掛けて、さらに仕掛ける

「『観光大使』って何をやる人か知ってる？　辞書引いてみて」

「……『都道府県をアピールする人』」

「そうなんだよね。だから、各都道府県の担当を決めて、みんなにアピールしてもらうから」

ここで、黒板にバンと大きな日本地図を貼りました。

「はい、好きな都道府県に自分の名前を書いて！」

子どもたちは席を立って黒板に集まり、好きなところに自分の名前を書きます。担当する人が複数いる県もあれば、担当者のいない県もありましたが、それはそれで構いません。

「自分はここを担当する」と自分自身で決めた。それは、「この県について勉強するぞ」と彼らが宣言したということであり、それが大事なのです。

まだまだ仕掛けは終わりません。

担当が決まったところで、新しい課題をみんなに伝えました。

「今回は、全員『パワポ』でプレゼン資料を作ってもらうぞ。それじゃ、コンピュータールームに行こう！」

子どもたちは「マジで？」「今から？」「パワポで？」とざわざわしながら、深く考える間もなく立ち上がりました。

「パワポ」とはもちろん、マイクロソフト社が販売しているプレゼン用のソフトウェア「パワーポイント」のことです。

大人なら会議やプレゼンテーションでよく使う、見知ったツールですよね。

子どもたちも、ボクが授業で使うのを見て「パワポ」が何かは知っていましたが、使ったことはありません。その瞬間まで、子どもたちにとって「パワポ」は、あくまで「大人が使うもの」でした。それを自分が使うというのです。

子どもが大人を真似たがるのは、いくつになっても変わらないもの。彼らのやる気の炎は、ついに大きく燃えはじめました。

子どもたちをコンピュータールームにつれてきたら、ボクがやることはそれほどありませんでした。

ITリテラシーについては、最初に十分な時間を割いてしっかりと教えました。

パソコンの基本操作、絶対にやってはいけないこと、パソコンの挙動がおかしくなったときの対処法も伝えました。

あとは「さあ、やってみよう」とGOサインを出すだけ。

子どもたちは、パソコンを使うのが大好きです。パソコンの前に座ったときにはもう「やってみたい！　いじってみたい！」の気持ちでいっぱいになっています。

どうせやるからには、みんなをうならせるような情報を集めたい。

誰よりもカッコよく見栄えのする資料を作りたい。

大人が教えなくても自分ですすんで学び、調べ、工夫するので、彼らの知識や技術は驚くほどの勢いで深まっていきます。

しかも、周りにはたくさんのライバルたちがいるのです。

自分の知らない技術を使っている子に、「どうやってるの？」と聞きに行く子もいれば、わからない部分を教え合って、それぞれがテクニックを磨いていく様子も見られました。

こうして、さらには、子ども同士で教え合ってスキルを高めていったのです。

上手く「やる気」に火をつけるために

「コレやってみない？」

という提案は、どのご家庭でも繰り返されていると思います。そこで、

「まあ、やってもいいけど」

なんて言葉をお子さんから引き出しただけで、心の中でガッツポーズをしてしまうのは、ちょっと早すぎます。まだまだ足りません。

「やりたい！　やってみたい！」

と、お子さんが自分からいってくれるくらい、魅力的な提案をしたり、気になる情報を提供したりし続けましょう。

「コレをやると、アレも簡単にできるようになるよ」

「あの有名人もやってるんだって！」

「つまらない？　でも、やり方をこう変えてみたらおもしろくない？」

根気よく続けることで、そのうち、お子さんがどんなことに対して、

「おもしろそうだ。やってみたい」

と心を動かされるのか、少しずつわかってくる可能性もあります。


テレビでしか野球を見たことのない子に、「野球をやってみない？」と誘っても渋るかもしれません。

でも、実際にプロ野球の試合に連れていって、白熱のプレーを目の前で見たり、野球をテーマにした漫画やアニメを見せたりすれば、野球に興味を持って、

「やってみたい！」

と自分からいい出すかもしれませんよね。


もちろん、上手くいくこともあれば、いかないこともあります。

親御さんに必要なのは、お子さんのやる気を引き出すことに、一度や二度失敗したからといって、諦めてしまわない根気強さです。

何度も、何度も、ありとあらゆる手を尽くし、尽くしたあとにも何かないかと知恵を絞って、お子さんに声をかけ続けてみてください。

「こんな提案をしたら、みんながおもしろがってくれるのでは」

と思いついたら、ボクはとにかく子どもたちに仕掛けてみて、彼らの反応を確かめます。つまらなそうにしていたら、

「これはナシ。じゃあ次はどうする?」

と、すぐに頭を切り替え、他の新しい手を考えはじめます。

逆に「何々?」と身を乗り出してきたら、

「いいぞ! これは継続してやってみよう」

と判断します。

そして、継続しようと決めたことでも、同じことを続けていればそのうち飽きてし

まいますから、やる内容のレベルをもっと上げてみたり、新しいルールを取り入れたりと、変化をさせていく必要もあります。

そうやって、**上手くやる気に火をつけることができれば、子どもたちは自分の力で、自分の意志で、前へ進みはじめてくれます。**

「楽しい」と感じる瞬間をたくさん用意する

棋士の羽生善治さんは、子どもと将棋を指すとき、わざと負けるのだといいます。**勝てると当然、楽しい。その「楽しい」という思いが、子どもたちが将棋を続ける意欲につながる**からだそうです。

たとえば、お子さんに英語を学んでもらいたいと思うなら、まずどんな手段を考えるでしょう。

一般的なのは、英会話教室に通うことでしょうか。それも確かにいいのですが、それだけで終わってしまうと、

「英語って楽しいな」

と感じる瞬間が訪れないかもしれません。

逆に、

「英語は難しい」

「わからないから、つまらない」

と、苦手意識を抱いてしまう可能性があります。

では、どうすれば「楽しい」と思ってもらえるのか？


たとえば、少し大きな駅に行って、困っている外国人に声をかけてみてはいかがでしょうか。

今、日本にはたくさんの外国人が訪れています。英語圏の人でない可能性もありますが、それでも片言の英語なら話せるかもしれません。

駅で困っているのなら、目的地へ行く電車の切符を買いたいか、もしくは、駅についてお目当ての場所に行こうとしているのかでしょう。

会話の内容が予想しやすいので、事前にどんな英会話が必要になるかを、しっかり予習しておけます。

困っているところを助けられたら、相手もとても喜んでくれるでしょう。


自分の英語がネイティブの方に通じた。話かけたら喜んでもらえた。

その経験は、お子さんの自信になるはずです。

「自分の英語が通じてうれしい」

「英語で会話ができるのが楽しい」

という思いに、きっとつながっていくと思います。


難しそうなこと、がんばらなくてはいけないことでも、

「楽しい」

という思いがあれば、続けていく意欲を持てます。

お子さんのやる気が持続できるように、「楽しい」と感じられる瞬間をたくさん用意してあげてほしいと思います。

〝発破〟をかけるのは「もっとできる」と信じているとき

――「ダメ出し」が〝褒めている〟〝認めている〟につながっている

「勝手に観光大使」プロジェクトは、世田谷小で年に一度行われる「藤の実フェスタ」で、パワーポイントを駆使してまとめた成果を、保護者のみなさんに子どもたちがプレゼンし大好評を得ました。

大人たちが自分たちのプレゼンにしきりにうなずき、感心した様子で発表に注目してくれる姿は、子どもたちの大きな自信につながっただろうと思います。

この成果をここで終わらせるのはもったいない。ボクはそう思いました。

そこで、次なる手に打って出たのです。

「まとめた資料、〝勝手〟に知事に送るぞ!」

パワポの資料をすべてプリントアウトし、さらにプレゼンで子どもたちが話した内容もすべて文章にしてまとめました。

自己紹介と、なぜこの資料を作成したのか、そしてタンニンであるボクの手紙も添えて、自分が担当した都道府県の知事に宛てて送ったのです。

結果として、うれしいことに、ほぼすべての都道府県から、返事をもらうことができました。知事や観光課の方からのお手紙はもちろん、地元のご当地グッズを送ってくださったところも少なくありません。

兵庫県を担当した子たちは、なんと知事からのお手紙で、特別観光大使に任命されました。

島根県の知事からは、「感謝状を学校に持っていきたい」というお返事を頂きました。訪ねてくれたのは、なんと島根県の観光キャラクター「しまねっこ」。でっかくて、かわいくて、もふもふなんです。クラスみんなが大興奮した一日でした。

期待に応えよう。やってやろう。

この「勝手に観光大使」に最初に取り組んだのは、四代目世界一のクラス（201

2－13年度の5年3組－6年3組）でした。

二度目は五代目世界一のクラス（2014－15年度の5年1組－6年1組）で、このとき「しまねっこ」が来てくれました。

そして、六代目世界一のクラス（2016－17年度の3年3組－4年3組）で、子どもたちは「勝手に観光大使」にちょっとアレンジを加えて、「勝手に東京観光大使」プロジェクトを立ち上げたのです。

いわば地元・東京の観光大使に「勝手に」なるということ。

それならば、できることなら都庁へ行って、都知事の前でプレゼンする機会を、子どもたちに作ってあげたい……！　ボクはそう思いました。

学校というホームで、温かく見守ってくれる保護者の方たちの前で行うプレゼンより、周りがすべてアウェイという環境の中で、プロの大人たちの前で行うプレゼンのほうが緊張感は段違いです。

本物に接して学ぶとき、子どもたちは大きく伸びるのです。

「自分は都庁でプレゼンをしたんだ」

という、誰にも真似のできない経験は、彼らにとってかけがえのないものになると思いました。

ボクは方々に手を尽くし何度もかけあいましたが、残念ながら都知事にお会いすることはできませんでした。

その代わり、東京都の観光課の方たちに、時間を作ってもらうことができたのです。

「勝手に東京観光大使」としてプレゼンを行う本番の二週間前、子どもたちはボクに散々ダメ出しされていました。

「こんなの、普通の小学生レベルじゃないか」

「このレベルでプロの前に出たら、どう思われるか知ってる？　『子どもたちはよくがんばったなあ』。それだけだよ」

「みんなの実力、そんなもんじゃないでしょ？　今のままで本当にいいの？」

そんなキツイことをいわなくても、と思われる方もいるかもしれません。

でも、実は子どもたち、これまでもボクにダメ出しされてきています。彼らはそれで落ち込んだり、すねたり、やる気を失ったりはしません。

なぜなら、これまでの経験からよくわかっているんです。

ボクは、彼らにできないことなど決して要求しないこと。

もっとできると確信しているからこそ、厳しいことをいうのだということ。

ボクのダメ出しは、いい換えるとこうなります。

「お前たちは、並の小学生じゃないだろう？」

「大人の度肝を抜くようなこと、やってきたじゃないか」

「本当の実力を見せつけてやろうよ」

実は、褒めているんです。

ボクが発破をかけてきたということは、期待されているのだ。

それなら、期待に応えよう。やってやろう。

子どもたちは奮起し、プレゼン前日のリハーサルでは、目を見張るようなプレゼンを披露してくれました。

上手い。とにかく上手い。話のわかりやすさが、段違いによくなっていました。

「どうした⁉ すごく上手くなったよ！ これはいいわ。わかりやすい！」と、ボクが大騒ぎして褒めまくったのはいうまでもありません。本当にすごかったのです。

子どもたちはボクの予想を遥かに超えてきました。

「世界一のクラス」だとわかってはいましたが、ここまでできるとは思っていなかった。心底感心しました。

「お父さん、お母さんがやれるというなら、間違いない」

もっとも、ボクのダメ出しに多少なりとも効果があるのは、ボクと子どもたちの間に確かな信頼関係が築かれているからです。

発破をかけて、それに応えてくれる。その関係は、信頼なくしては成り立たないものです。

また、できないことを「やれ」といわれても、できません。それは子どもも大人も同じです。がんばってもできないことはあります。

いくら応援しても、発破をかけても、できないことはできない。そこまで要求するのは酷な話です。

そんなことが続けば、子どもはチャレンジすること自体を、避けるようになるかもしれません。

もっとやれる。

それがあきらかなときにだけ、「発破をかける」というやり方には効果が期待できます。そのとき、お子さんの心の中に、

「お母さんがやれるというんだから、間違いない」

「お父さんが期待しているんだから、そのレベルまでは行けるはず」

と、信じられる気持ちがあれば、きっとそれをなしえるのではないでしょうか。

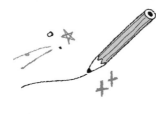

「やる気の新芽」には、すかさず水をたっぷりあげる

――「やってみたいな」という気持ちを大事にする

子どもが「やりたい！」と思ったその瞬間ほど、子どものやる気が満ち溢れているときはないでしょう。

そんな絶好の機会が訪れたのに、条件が整っていなかったり、できる環境が用意されていなかったりして、子どものやる気が空振りになってしまったら、もったいないと思いませんか。

「そんなこといって、本当にちゃんとやるの？」

そんなふうにいわれてしまえば、お子さんはもう何もいえなくなるでしょう。

こんなやりとりが続けば、新しくやってみたいことが見つかっても、

「いっても仕方がない」

なんて悲しい理由で諦めてしまうかもしれません。

逆に、「やってみたいな」というつぶやきに、お父さん、お母さんが気づいてくれて、

「いいじゃない。やってみようよ」

「まずは見学だけでも行ってみる？」

「興味があるの？　おもしろそうだよね」

「大丈夫！　準備は整ってるよ！」

と、実際にやってみる機会を与えてくれたら、お子さんのチャレンジ精神はますます燃え上がり、大喜びで、自ら望んで、一生懸命になってくれるはずです。

ボクたち大人は、

「やってみようかなぁ」

「ちょっとおもしろそうだよね」

という子どもの言葉に敏感でいることが、大事なのだと思います。

やってみなくては、わからない

「子どもの将来のために、あれをやらせておきたい」

「今のうちから、これを学ばせたい」

お子さんのことを第一に考える親御さんたちは、そんなふうに先のことを考えて、たくさんのことを子どもに学んでほしいと思うのでしょう。

それも大切なことです。

ただ、**「先々のためにやってほしいこと」ばかりではなく、今、お子さんがやってみたいと思っている気持ちも、同じくらい大事にしてあげてください。**

お子さんが「やってみたい」というなら、ぜひ背中を押してあげてください。

もし、失敗したら？　続かなかったら？

他の新しいことを見つけて、をまた、やってみればいいのです。

だって、**一度やってみなければ、成功するか、失敗するか、本当に好きになれるか、嫌いになってしまうのか、わからない**ではないですか。

やってみたい。

それはお子さんの**「やる気の新芽」**が、ぴょっこり顔を出した瞬間です。

すかさず水をたっぷりあげて、一番日当たりのいい場所を用意してあげて、どんな花を咲かせるのか楽しみに待ってみてはどうでしょう。

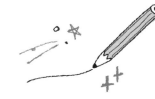

「自分で考える力」を身につけさせる

――「OK、Google」の先を目指す

ボクは常々、学校という場所でタンニンがすべきことは、子どもたちが持つ「器」を広げるお手伝いをすることだ、と思っています。

ただ、器を広げるとは、**「自分で考える力」を身につけてもらうということ**です。

ただ、器を広げるために時間をたくさん費やそうとすると、せっかく広がった器に水を入れる時間がどうしても足りなくなってしまいます。

つまり、考える力はあっても、それを活かしてたくさん問題を解いたり、漢字のドリルトレーニング、つまり反復練習をしたりする時間がなかなか確保できません。

水は蒸発しますよね。

器が大きくなるほど、ほんの少しの水などあっという間に蒸発してしまいます。

ですから、クラスのお父さん、お母さんたちに、毎年お願いするのです。

お子さんの器に水をいっぱいに貯めるための、お手伝いをしてあげてもらえませんか、と。

そのため、ボクはあまり「これをやってきてね」という一方的な形で、子どもたちに宿題をやらせることはしません。

せいぜい算数のドリルトレーニングくらいです。

ただ、子どもたちにはノートを1冊、必ず毎日提出してもらいます。

子どもたちがこのノートに書くのは、まずは翌日の時間割です。

理科や音楽など専科の時間割は固定で決まっていますが、それ以外の科目となると、ボクのクラスではしょっちゅう変わるので、必ず書いてもらわなければなりません。

次に、連絡事項です。

出された宿題や、明日持ってくるもの、親御さんに伝えてほしいことなど、忘れることのないように書いておきます。

連絡事項には、〝自分だけの連絡事項〟も付け加えます。

給食当番の子は「給食袋を忘れずに」と書いておく。今日、分度器を持ってくるのを忘れたなら「分度器を忘れずに持ってくる」と書いておく。

今の自分に必要なメッセージを、自分で考え、書くようにいっています。

それから、日記です。

「1行でもいい。書きたいだけ書いてもいい。とにかく毎日、日記を書いて提出しなさい」

と、子どもたちと約束します。毎日、何でもいいから書いて提出することに、とても重要な意味があるのですが、その詳細についてはまたあとでお話しましょう。

そして最後に、

「書きたいことがあったら、何でも書いて構わないよ」

と伝えます。

このノートはどんな勉強に使っても構いません。計算ドリルは専用ノートを持っていますが、その他の勉強はすべてこのノートでやるのです。

お父さん、お母さんが作ってくれた、漢字テストの「予想問題」もこのノートに貼り付けます（漢字テストについては後述します）。

「勉強しよう」と思ったとき、「この教科のノートはどこだっけ」と探しまわるのは時間ももったいないし、もし手近なところに専用のノートがなかったら、せっかくのやる気が萎んでしまうかもしれません。

そうならないために授業以外の家で行う学習については、ノートを一冊にしました。家で行う学習では、教科によってノートを分けたり、チラシの裏など手近な紙でやったりするより、**勉強の成果を一つのノートにまとめることで、お子さんのがんばった証の蓄積を可視化することができます。**

調べるだけで終わりにしない

さて、彼らに日記を書く習慣がついてきたら、ボクは徐々に新しい課題を出していきます。

最初は「自主学習」です。

世田谷小では「自学」といいますが、ボクのクラスでは「Self-Learning」略して**「SL」**と呼びます。

横文字にするだけで、何だかカッコいいことをしている気分になるんです。
実際に何をするのかというと、子どもたち自身が不思議に思ったことを調べてもらいます。

世の中には不思議がいっぱい転がっています。

大人になると、わかっていないことまでわかった気になって、「なぜ？」「どうして？」と感じる感性がひどく鈍感になりがちです。

でも、子どもたちの感性はまだまだ鋭く、ちょっとヒントを与えるだけで、いろんな疑問を持ちはじめます。

最初のうちは、

「ウーロン茶と、紅茶と、ほうじ茶って、全部同じお茶らしいよ？」

といった話を、朝の会や休み時間にポロッとこぼすのです。

翌日には子どもたちが「収穫の時期が違うらしい」「茶葉のもみ方で味が変わるらしい」と、自分で詳しく調べてきてくれます。

コツをつかんだ子はどんどん「なぜ？」を引っ張りだしてきますし、なかなか慣れ

ない子には、ときどきボクからも不思議のネタを提供しつつ、

「週に2、3回はSLをやるように」

と決めます。

真面目にやる子もサボる子もいますが、そろそろみんながSLに慣れてきたかな、という時期を見計らって、ボクはこんな話をします。

「ウーロン茶とほうじ茶の違いなんて、スマホに『OK, Google』って聞けば検索結果が出てくるだろう？　AIにもできることなんだから、みんなは調べるだけで終わらないで、AIにできないことをしよう。自分の考察も書いてみてほしい。『考察』ってわかる？」

子どもたちはすぐに辞書を開きます。

「……調べて考えること」

「そう。みんなの意見を書いてほしいんだよ。不思議に思ったことを調べてみて、思ったこと、考えたことが書いてあったら、すごくいいよね」

「反対意見でもいいの？」

「もちろん。でも、何かを批判するときには、カウンター・オファーも出さなくちゃ

ダメだ。もっといい別のやり方、もっといい別の考え方を、自分なりに考えて提案するんだよ」

こうして子どもたちは、**事実を調べるだけでなく、それに基づく自分の意見をノートに書き込んでくれるようになる**のです。

高学年になると、さらに「新聞オピニオン」略して**「新オピ」**という課題をやってもらいます。

新聞記事を切り抜いてもいいし、インターネット上の記事を引っ張ってきてもいいから、自分が気になった記事をノートに貼り付け、サマリーとオピニオン――つまり、それを読んでどう思ったか、何を考えたかを書いてもらいます。

子どもたちにこれから求められる能力とは

これらはすべて、ボクのある思いを反映しています。

子どもたちに「考える力」、そして「考えたことを書く力」を身に付けてほしいのです。

今の時代は、インターネットの普及によって、あらゆる情報が調べられるようになりました。

文字を打ち込まなくても、スマホに呼びかけるだけで、勝手に調べてくれます。今後はＡＩの開発も進むでしょう。

つまり、「調べる」という能力において、人はＡＩには太刀打ちできません。

では、**子どもたちにこれから求められる能力とは何かと考えたときに、「考察する力」そして「考えを言葉にする力」**ではないかと、ボクは思っているからです。

今日、お子さんとテレビを一緒に見ましたか？　そのとき、どんな会話をしたでしょうか？　バラエティを一緒に見ながら大笑いしたり、ドラマ談義を楽しんだりするのも貴重な時間です。

でも、ときには意識して、子どもたちが考えるきっかけになるような問いかけをしてみてはどうでしょう。

「どうして、こんな事件が起こったんだろう？」
「どうして今、この商品が売れているんだろう？」

「どうして最近、天気予報は当たらないんだろう？」

難しいことでなくてもいいので、質問してみてください。

お子さんが何かを考え、自分なりの意見を導きだして、それを人に伝える機会を作ってあげるのです。

その意見が正しいとか、間違っているとか、それはさほど重要ではありません。

それよりも、**自分の意見や思ったことをしっかりいえ、人に伝えられるほうが大事**です。

「なるほど。そう考えたか。ちなみに、お父さんはこう思うよ」

「よく考えてるなあ。お母さんも納得しちゃった」

そんなふうに**意見を交わし合ったり、ときには話し合ったりすることが、お子さんの考える力を一番伸ばす**のではないかと思います。

質問してみればわかりますが、子どものの考えというのは侮れません。ボクは毎日、毎日、驚かされています。

大人が思ってもみなかったことに対して疑問を見つけ、予想外の方向から意見を導きだしてくるのです。その度に、ボクら大人も負けていられないな、と思うのです。

2章

ついつい“夢中になって”続けてしまう「この手」

「やりたくないけど、仕方がない」という状況をつくる

――自分から宣言させ、きちんと実行させる

お子さんは「やりたくない」。親御さんは「やってほしい」。

意見が分かれるのは、よくあることです。

お子さんの気持ちを無視したいなどとは、親御さんも思っていないでしょう。でも、たとえば、宿題が出ているのにお子さんがやろうとしないのであれば、お父さん、お母さんとしては、

「なんとかやらせなくては」

と考えるのは当然です。

どうすれば「やりたくない」を「やりたい」に変えられるのか。

人の気持ちはそう簡単には変えられないものです。

しかし、狙いどころをちょっとだけ変えてみると、希望が見えてきます。システムによって、やる気は引き出せたりします。

お子さんに「やりたい」と思わせるのは難しいけれど、**「やりたくないけど、仕方ないか」という状況を作ってしまう**ことで、しぶしぶでもお子さんにやってもらえるとしたら？　お父さん、お母さんは、ほっと胸をなでおろすはずです。

では、いったいどうやったら、お子さんの周りに「仕方がない」という状況を作りあげることができるのでしょうか。

宿題をやらせたい親と、やりたくない子どもの間で頻繁に交わされる会話の代表例を挙げるとしたら、次のようなものです。

「宿題ないの？」

「……あるよ」（テレビを見続ける）

「じゃあ、早くやりなさい！」

お母さんが「イラッ」とするのも、よくわかるシチュエーションではありますが、そもそもお母さんの最初の問いかけが上手くありません。

小学生であれば、たいていの場合、宿題が毎日出ています。プリントやドリル、教科書の練習問題など、何かしらやってくるようにいわれています。

要するに、

「宿題ないの？」

という質問はムダなのです。

「ある」と返ってくるのはわかりきっているので、このワンクッションを挟む必要はありません。

次に、

「早くやりなさい！」

と叱られたところで、このセリフは耳にタコ状態。小さいころから聞き慣れているので、「またいってるなぁ」と流されるか、もしくは、

「今やろうと思ってたのに。そういうことといわれるとやる気無くす」

などと、やらないいい訳に利用されたりしてしまいます。

子どもに宣言してもらうのが一番

ボクなら、

「何時から宿題やるの？」

と尋ねます。

「……19時からやる」

と子どもが時間を自分で決めたなら、それ以上はうるさくいいません。

「わかった。19時だな」

と確認するだけです。そして時間がきたら声をかけます。

「19時だよ」

その時間になったら宿題をやると、すでに子どもは宣言しています。宿題はやりたくないけれど、約束を守らないのもみっともない。だから子どもは思うはずです。

「仕方ないな」

このひと言は、子どもが重い腰を上げるのに十分な動機になるのです。

仮に、この段階でもやろうとしないのであれば、

「自分でいったことは、きちんとやりなさい」

ともうひと押し、声をかける必要があるでしょう。


自分で「やる」と決めた。たとえ大人にうながされた結果であっても、その事実は子どもにとって重いものになります。

大人はついつい言葉を駆使して、子どもに「やらせよう」としてしまいますが、逆効果になることもしばしば。そういうときは、

「どうやる?」

「いつやる?」

と尋ねることで、

「こんなふうにやる!」

と**子ども自身に宣言してもらうのが一番**です。

自分たちで「決める」ことの重要性

ある年の林間学校でのこと。

予定していた三日間、ひどい雨が降り続けました。

二日目は街中を散策して、いくつかのお店に立ち寄り、あるお店では、みんなでソフトクリームを食べる計画になっていました。

しかし、大雨で足元はびちゃびちゃ。そのうえ寒い。冷たいものを食べて、風邪でもひいたら大変です。ボクは子どもたちに聞きました。

「どうする？　ソフトクリーム食べる？　何かあったかいもののほうがいいんじゃないの？」

子どもたちは、ガヤガヤ意見をいいはじめました。

「いや、アイスでしょ」

「まあ、確かに寒いけど」

「でも、林間学校で、雨の中、寒い中で、冷たいソフトクリーム食べたら、いい思い出になるよ」

話し合って子どもたちは結論を出しました。

「ここは、あえてのアイスでしょ」

ボクの「温かいものを食べよう」という案は却下されたわけですが、そこは重要ではないのです。

このとき、もしかしたら子どもたちの気持ちには、

「寒いなぁ」

「このままアイス？」

という、ソフトクリームに対するうしろ向きな気持ちが、少しはあったかもしれません。

もし、彼らの意向を再確認することなくアイスを食べて、風邪をひいた子がいたら、

「あのとき本当は食べたくなかったのに」

なんて、後悔したかもしれません。

でも、子どもたちは自分たちで考えて「食べる」と結論を出しました。

誰にいわれたわけでもなく、自分たちで決めました。

その意識があるからこそ、ソフトクリームは子どもたちにとって、

「食べてよかった」

「いい思い出になった」

という記憶になったのです。

結果的に、ソフトクリームはおいしかったし、風邪をひく子もいなくて、いいことばかりでした。

まずは大人がお手本を見せること

ただ、この方法で子どもに、

「自分でいったんだから、ちゃんとやりなさい」

というのであれば、**大人もまた、自分がいったことはきちんと実行する姿勢を、子どもに見せることが大事**です。

子どもは大人の行動を本当によく見ています。

「ゲームを買ってあげる」といっておきながら買わなかったり、「ディズニーランド

に連れて行ってあげる」と約束したのにあっさり反故にしたりすれば、子どもは失望するでしょう。そして、

「約束はやぶってもいいものなんだ」

と間違って学んでしまうかもしれません。もしくは、

「お母さんだって、約束やぶったじゃん」

と、自分が約束を守らないことの、いい訳に使おうとする可能性もあります。

約束を守る子に育ってほしいのなら、まずは大人がお手本を見せること。

必ず約束を守るという、親御さんの一貫した姿勢があってこそ、

「自分でいったんだから、ちゃんとやりなさい」

という言葉にも重みが生まれるものなのです。

「見通し」を共有する

——「早くしなさい！」だけでは動かない

「ちょっと、何やってるの！」

親御さんが子どもを叱るとき、ときどき飛び出すセリフです。

叱られているお子さんは、たいていポカンとしています。

彼らの心の声を代弁するなら、

「え、どういうこと？　なんで怒ってるの？」

というところでしょうか。


「何やってるの！」

という言葉は、

「そんなことするとは思ってなかったのに、どうしてやっちゃったの？」

という、親御さんの気持ちを表わしているのだと思います。

大人であれば常識的に「悪い」「やってはいけない」と知っていることを、子どもが知らずにやってしまったとき。

それをしないのが理想であるとき。

「やってほしくない」と思っていたことを、子どもがやってしまったとき。

そんなときに思わず、口をついて出る言葉のはずです。

そしてお子さんはきっと、ただやりたいからやったのでしょう。悪いことだと知らなかったのかもしれません。

だから叱られてポカンとします。叱られる理由がわからないからです。


「早くして！」という言葉も、毎日のように使うのではないでしょうか。

早くご飯を食べて。早く着替えをして。早くお風呂に入りなさい。早く寝なさい。

早く、早く……。

親御さんだって、いいたくていっているわけではないですよね。何度も何度も「早く！　早く！」とせかすのに、子どもは焦る様子をちっとも見せないから、

「早くしなさい！」

という言葉が何度も飛び出してしまうのです。

なぜ、子どもたちは、やってはいけないことをやり、早くしなければならないときにしないのか。それは、知らないからです。気づいていないからです。

なぜそれが悪いことなのか、なぜ早くしなければならないか、きちんと理解していないからです。

「先の見通し」を正しく読み取れると

ボクは、**子どもたちに何かをやってもらいたいと思ったときは、最初にある程度の「見通し」を伝える**ようにしています。

ある日、4時間目に体育の授業が入っていました。3時間目の授業が終わって、子どもたちは着替えのために教室を出ていこうとします。

大好きな体育の授業ですから足取りも軽いのです。

そのとき、ボクは声をかけました。

「おーい、みんな。体育が楽しくなって、授業時間が伸びるかもしれないよね。そしたら、昼休みが短くなっちゃうかもなぁ……。どうする？」

すると、子どもたちは「おっ！」と何かひらめきました。

教室を出ようとしていた子も取って返します。それぞれが机の上をきれいに片付け、給食用に席を並べ替えてから、出ていきました。

こうしておけば、体育が終わって戻ってきたら、すぐに給食の配膳をはじめられます。授業時間が伸びた分を「いただきます」のタイミングで取り返せるのです。

つまり、体育を存分に楽しみ、かつ昼休みもたっぷり遊べる。

子どもたちはボクのひと言が示した「先の見通し」を正しく読み取り、考え、自分から行動を起こしました。

「早くやろう！」という気持ちを共有する

次に何が起こるか考えてみよう。

これから先のことを、上手くこなす方法を考えてみよう。

今がんばったら、その先にいいことがあるかもしれないよ……？

そんな「見通し」をお子さんと親御さんとで共有することができたら、「早くやろう！」という気持ちも一緒に共有できそうだと思いませんか。

「早く早く！」とお子さんをせかす前に、

「今、ご飯を食べなかったらどうなると思う？」

「今、お風呂に入っておくと、あとの時間はどうなる？」

と、尋ねてみてはどうでしょう。

「早くやっちゃえば、残りの時間にテレビをいっぱい見られるよね」

「ぱぱっとお風呂に入っちゃって、空いた時間にアイスでも食べる？」

と、ご褒美をちらつかせるのも、ときには効果がありますよ。

「もうすぐお風呂の時間になっちゃうけど、ご飯は食べなくてもいいの？」

「9時には寝なきゃいけないよ。宿題しておけば、ゲームできるんじゃない？」

そんなふうに、ちょっとだけ慌てさせるのも一つの方法です。

ただ、最後のバージョンを利用するときは、注意が必要になります。

そういっておきながら、親御さんが、お風呂の時間になっても「仕方がないわね。早く食べちゃいなさいよ」とまだ食べることを許したり、宿題をしなかったのにゲームをすることを許したりすれば、余計にいうことを聞かなくなってしまいます。

「時間を守らなくても、お風呂に入れたじゃん」

「宿題しなくても、ゲームできたじゃん」

という「負の成功体験」をすでにしてしまったからです。

「お父さん、お母さんのいうことなんて、聞かなくても困らないや」

子どもはそんなふうに思ってしまいます。

一度「できないよ」「やってはいけないよ」といったなら、それは約束と一緒です。いったからには、実行しなければなりません。

逆にいえば、できそうにないことなら、たとえ叱るためであっても、いわないほうがいいのです。

「課題」「制限」「報酬」の三つでワクワク・ウズウズさせる

――「やらされるもの」から「やりたくてたまらない」ものに

子どもたちが「勉強はつまらない」と思い込んでしまうのはなぜでしょう。

本来、学ぶことは楽しいはずなのです。知識が増え、考えが深まって、できないことができることに変わっていく。それが学びです。

しかし、子どもたちの多くは「学びは楽しい」という実感を、持てずにいるように思います。

「どうして、これを知らなきゃいけないんだろう」

「何ができるようになるんだろう」

それを教えてくれる大人がいないから、勉強が「つまらないもの」に思えてしまいます。にも拘らず「これをやりなさい」「あれもやりなさい」といわれ、子どもたちにとって勉強は「やらされるもの」になりがちです。

だからボクは、子どもたちに「これをやってみよう！」と提案するとき、**学ぶ楽しさを知ってもらうために必要な「3つのもの」**を用意します。

一つめは、**「課題」**。

「やってみよう」と提案するとき、必ず「これから何をやるのか」「どうやるのか」をわかりやすく説明します。

二つめは、**「制限」**。

「課題」を出すとき、同時に何らかの「制限」をつけるのです。

できることが限られると、子どもたちは許された範囲でできる最大限のことは何か、どうすればそれをやれるのかと、ワクワクしながら考えはじめるからです。

三つめは、**「報酬」**。

「課題」を達成したあかつきに、子どもたちが手にすることのできる成果やご褒美について、最初にきちんと提示してあげます。

「一文しか書けない」というおもしろさ

たとえば、子どもたちに、

「今日は作文を書いてもらいます」

と**「課題」**を提示すると、たいていざわざわしはじめます。

「ええー」「だるい」「めんどう」という不満げな顔ばかり。原稿用紙に向かって書いては消し、書いては消しと四苦八苦する自分の姿が、容易に想像できるからでしょう。

そりゃ嫌だろうな、とボクも思います。

ただ、「とりあえず、何を書くの?」なんて声もちらほら上がってきます。

「書いてもらうのは『物語』です」

途端にまたざわっとします。2、3人は目をキラキラさせますが、残りの30人は「超ヤダ!」と顔をしかめっぱなしです。

そこでボクは、やりたくない気持ちでいっぱいになっている大半の子どもたちに、「おもしろそう」と思ってもらえるように、**「制限」**を付け加えます。

「今日の作文にはいくつかルールがあるよ。

まず、一人一文しか書いてはいけない。一文書いたら、次の人に原稿用紙を渡して、その人がまた一文だけ続きを書く。他の人が書いている間は、原稿用紙をのぞいちゃいけないよ」


要するに「リレー作文」です。

スターに仕立て上げようと登場させた人物が、一周回って原稿用紙が戻ってきたときには、悪役になっているかもしれません。

「時間は二十分。四、五人でグループを作って、タイムアップまでは何周してもいいよ。制限時間内に内容について話すのは禁止だけど、これから五分間だけ作戦会議の時間をあげよう。最後に代表の人が発表して、一番よかったグループには……」

と、ボクがまだしゃべっているうちから、彼らはもうワイワイと相談をはじめています。ここで「最後まで聞きなさい！」なんて野暮なことはいいません。

そんなことをしたら、子どもたちのやる気に水を差すだけです。

でも、物語の完成後に待つ**「報酬」**、つまりご褒美のことだけは、忘れずに伝えておく必要があります。

「発表で一位になったら賞をあげるからな！」

「ほんと？」「やった！」と、彼らの話し合いにますます熱がこもりました。あとは、

「それじゃ、スタート！」

とストップウォッチのスイッチを入れるだけ。針が回りはじめた瞬間から、子どもたちはやる気をみなぎらせるのです。

作文を書くのはイヤでも、

「書くのは一文だけ」

といわれれば「やれそうだな」と思うでしょう。

一方で、

「一文しか書けない」

という制限がかかることで、子どもたちはワクワクしはじめます。

「一文だけで何をどこまで書けるか」

「一文だけでどうやっておもしろくできるか」

子どもたちの思考は高速回転しはじめるのです。

「また、ぬまっちにやられたよ」

ご家庭で「課題」「制限」「報酬」の3つを用意しようと思うなら、お父さん、お母さんの腕の見せ所となるのは「制限」ではないでしょうか。

よくあるのは、

「このドリルを15分でやってみよう」

といった「制限時間」を決めるやり方です。

以前、明治のスナック菓子「カール」が東日本での販売を終了することになり、買い占め騒動が起こりました。いつでも食べられると思うと買わないけれど、「もう買えなくなってしまう」という制限がかかると、急に食べたくなる。

人は時間を制限されるほど、「それをかいくぐる方法はないものか」と考えるものです。ですから、時間の「制限」は確かに効果があります。

最初のうちは、お子さんもワクワクしてやるでしょう。

でも、それが何度も続き、あたりまえになってくると、おもしろみが途端に薄れてきてしまいます。

そこで、飽きてきたようだ、と感じたら、さらに一工夫。

たとえば、お子さんの大好きな曲をかけて、

「この曲が終わるまでに、何問できるかやってみよう！」

といったチャレンジに変えてみてはどうでしょう。

もしくは、お子さんの大好きなテレビ番組がはじまる時間を締め切りに決めて、

「時間までに、宿題を全部終わらせちゃおう！」

と提案するのもいいかもしれません。

テレビ番組は制限時間の目安になると同時に、「テレビが見られる」というご褒美にもなり、一石二鳥です。

実は、リレー作文の最中は、自分の書く順番が回ってくるまで、子どもたちはヒマなのです。「何をしたらいい？」と聞くので、

「好きなことをして待ってたらいいよ。本を読んでもいいし、ドリルの宿題をやっち

やってもいいよ」

と答えました。すると、ある生徒がボクとのおしゃべりを楽しむことにしたようで、声をかけてきました。

「また、ぬまっちにやられたよ。最初聞いたときは、あんなに嫌だったのに、今は完全に楽しくなっちゃってるよ」

子どもたちのそうやって学ぶことを楽しむ姿を見ることが、ボクにとっても一番の楽しみなのです。

子どもたちをワクワクさせるような制限は、他にもたくさんあるはずです。ぜひ知恵を絞ってみてほしいと思います。

動機づけを「ご褒美」から「やる気」「プライド」へと変化させる

――〝同じもの〟が続けば誰でも飽きる

前項で、子どものやる気を引き出す3要素「課題」「制限」「報酬」についてお話ししました。

ただ、親御さんのなかには、勉強に対する「報酬」、つまりご褒美を用意するのを敬遠される方もいるかもしれません。

「ちゃんと宿題やったら、ケーキを食べてもいいよ」

「テストで一〇〇点とれたら、ゲームを買ってあげる」

そんなふうにご褒美を目の前にちらつかせてしまうと、お子さんの勉強をする目的が、「学ぶこと」より「ご褒美をもらうこと」になってしまう気がするからではないでしょうか。

それに、幼いころからお子さんと接してきたお父さん、お母さんは、こうしたご褒美の効力は案外続かないことをよくご存じです。

たとえば、お子さんが3、4歳になってくると、

「毎日、きちんとハミガキをしたら、好きなシールを一枚貼っていいよ」

なんて親御さんはよくいうのです。

小さな子どもはシールが大好きですから、この提案にすぐ飛びつきます。すっかりやる気になります。

でも、ご褒美シールの効果はもって一週間程度。そのうち、

「ハミガキできたらシール貼れるよ〜」

と声をかけても、ちっとも興味を持ってくれなくなります。

それどころか、勝手にペタペタとシールを貼っていたりもしますよね。

そういうものなんです。

もらってうれしいご褒美も、もらい続けているうちに、それがあたりまえになってしまいます。

社会人がボーナスが出て喜ぶのは、まとまった金額が受け取れることもありますが、一つには「半期に一度しかもらえない」という条件があるからでしょう。もし隔月ボーナスが支給されることになったら、それがあたりまえになって、いちいち「うれしい」と小躍りすることもなくなります。

子どもだって同じです。**ご褒美とはいえ、同じものが続けば飽きる**のです。

では、ご褒美を次々に変えていけばいいのでしょうか。

いいえ、それもいずれ手段が尽きます。

つまり、ご褒美だけでやる気を持続させるのは難しいのです。

そこで最初のうちは、ご褒美を「あげる」ことでやる気を引き出します。

そして、そのご褒美の効果がまだ維持されているうちに、お子さんの心の中を、

「これをやったら楽しかった」

「がんばってみて、本当によかった」

「絶対、またやりたい！」

という気持ちでいっぱいにしてしまうのです。

ユナルールの誕生

ボクのクラスの生徒たちの机には、ラミネート加工された名刺大の紙がペタペタ貼られています。これは「ライセンス」といって、課題やテストなどに対して「よくできました」と認定された証です。

それぞれのライセンスによって、取得方法も条件も変わってきます。

このライセンスの一つに「ＫＴＫ」があります。

六代目世界一のクラスで導入された「ＫＴＫ」は、「漢字（Ｋａｎｊｉ）テスト（Ｔｅｓｔ）強化（Ｋｙｏｕｋａ）」の頭文字をとった名称。

ボクのクラスでは漢字テストを毎週行うのですが、その採点をＰＪＴ（プロジェクト）化して子どもたちに担当してもらうのです。

最初はクラスの漢字力を上げることを目的として、その一環で採点がはじまりました。

ちなみに「ＰＪＴ」とは、子どもたちが自主的に立ち上げる活動のこと。

ボクのクラスには係活動がなく、その代わりにやるべきことや目標、課題などについて、子どもたちが自発的にＰＪＴを立ち上げて取り組んでいくのです。

ボクが「このＰＪＴをやりなさい」ということはありません。

子どもたちが発案し、一人でも賛同者がいたらＰＪＴは成立します。

ＰＪＴは大なり小なりいろいろで、いつも三十ほど同時進行していきます。


たとえば、漢字テストで一発合格を増やすＰＪＴ、挨拶するときのハイタッチ推進ＰＪＴ、給食を食べる時間を早めるＰＪＴなんてものもありました。

また、運動会優勝を目指すＰＪＴや、朝日小学生新聞の「学校新聞コンクール」への応募ＰＪＴなど、学外の一般コンテストに応募する系のＰＪＴもあれば、子どもがボクの代わりにテーマを立てて授業をする、ティーチャー系ＰＪＴなどもあるのです。

ＰＪＴを達成すると、紙でつくった花が飾られた台紙に書き出して壁に貼り出します。

だから、「世界一のクラス」の壁は、日に日に色とりどりの花でいっぱいになっていくのです。

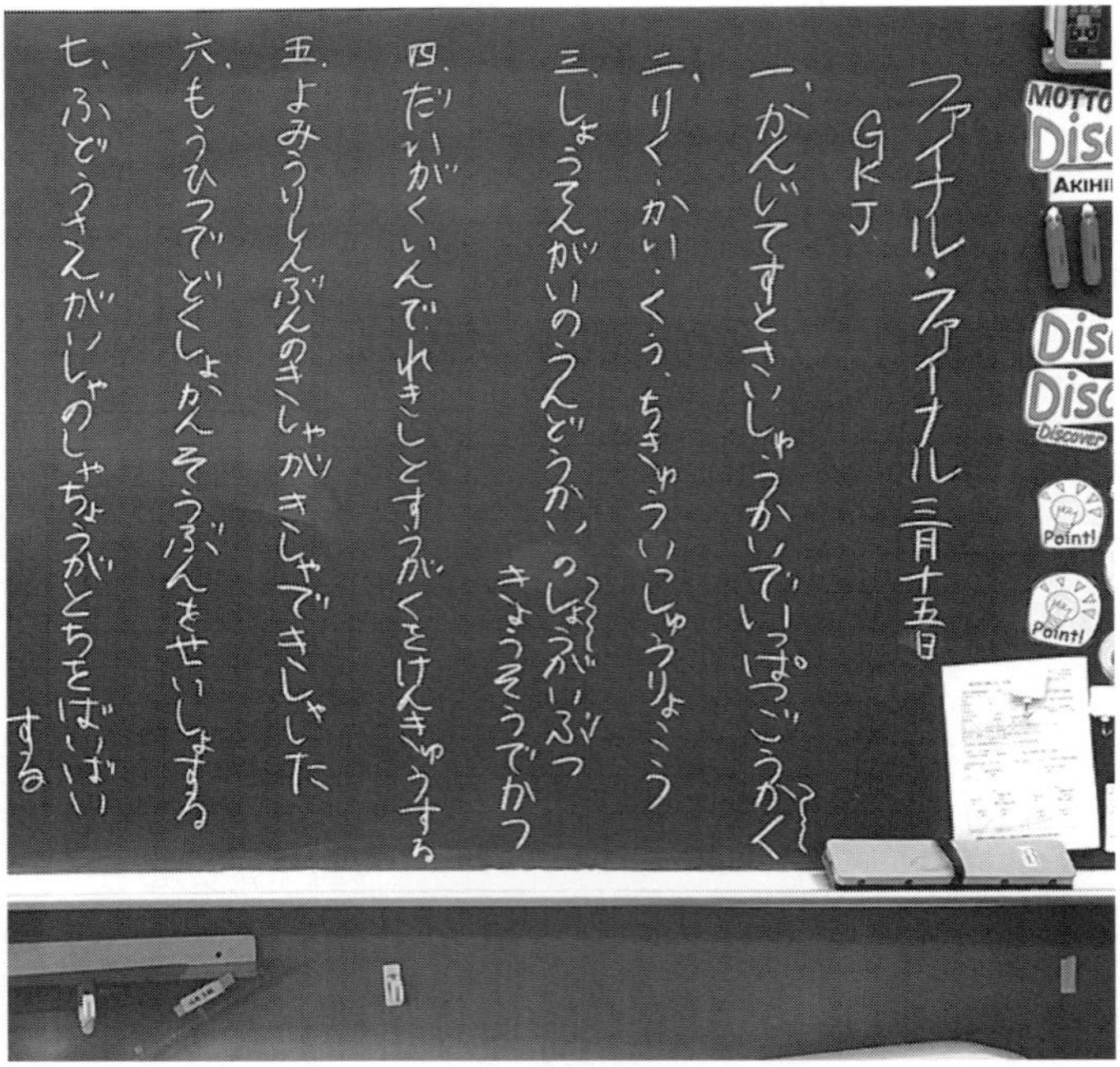

壁だけでは足らず、天井にまで花を貼ることもありました。

六代目世界一のクラスでは、このＫＴＫＰＪＴに入りたい人が続出しました。採点をすると、みんなが間違いやすい漢字がわかって自然と勉強になり、テストの成績が上がるのです。

そこで、その月の初週のテストをＫＴＫメンバー（ＰＪＴ）の選抜試験とし、上位者８人くらい

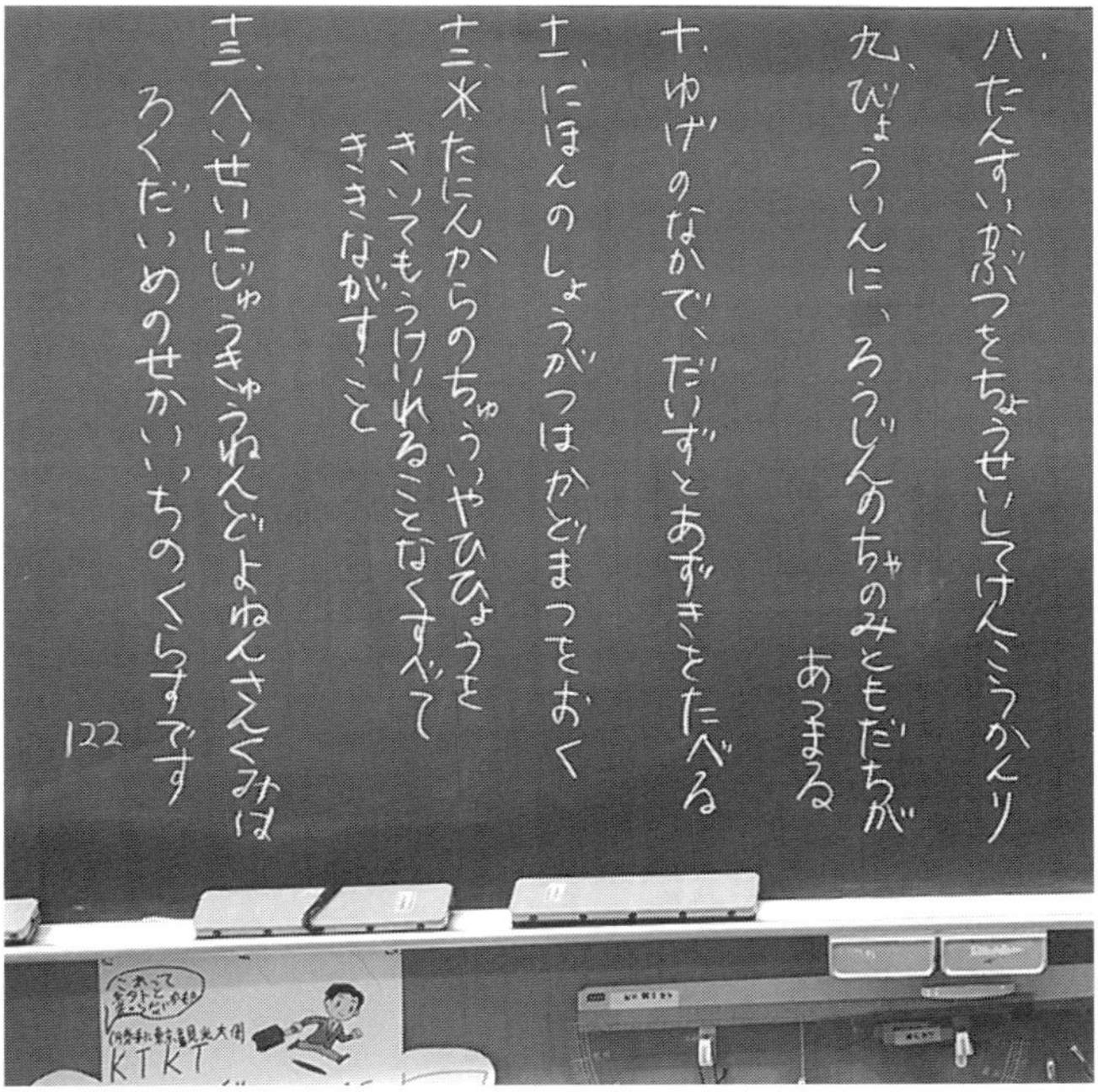

の子どもたちにライセンスを渡すシステムにしました。

　この漢字テスト、一般的なものとは一味違います（上の写真参照）。

　問題は、すべてひらがなで書かれた短文になっていて、どの部分を漢字にするのかまで自分で考えなければなりません。

　出題範囲は一年生から今までに習った漢字すべてに及びます。

大人でもそうやすやすと満点はとれない、かなりの難問です。

ちなみに、漢字テストはミスをした場合、練習をして、ミスを手直ししてから再提出してもらい、そこで「合格」の判定をもらえます。

ですから満点を取れば「一発合格」となるわけです。

ＫＴＫライセンスはクラスにおけるステータスとなり、最初のうちは誰もがＫＴＫのメンバーに入ろうと躍起になりました。


しかし、子どもたちは次第に飽きてきたのです。

そもそも、ＫＴＫメンバー入りできるチャンスは月に一回だけ。残り三回の漢字テストに対する、子どもたちのモチベーションは一気に下がってしまいます。

そこでボクは一計を案じました。

「漢字テストで、ＧＫＪ（下剋上／ＧｅＫｏｋｕＪｏの意味）をやるぞ」

２週めのテストは「ＧＫＪ予選」です。

ＫＴＫメンバーではない生徒の中で、一番の高得点をとった人から順番にＫＴＫメンバーの中から一人ずつ指名していき、３週めのテストで点数を競い合う権利を得ます。

このGKJ戦、もし同点だったらKTK側のディフェンス成功。逆に挑戦者が勝ったら、負けたKTKメンバーのライセンスは、挑戦者の名前を上書きされ、その子に渡されるのです。

新ルールにわき立つ子どもたちでしたが、あるとき問題が起きました。下剋上戦の挑戦者となったユナちゃんが、KTKメンバーに勝負を挑んだところ、相手もユナちゃんも一発合格だったのです。

満点で一発合格とはいえ同点ですから、ルール上ではKTKメンバーのディフェンス成功となり、ユナちゃんは負けてしまいました。

すると、子どもたちから、

「一発合格なのに負けるなんて、かわいそうだよね」

という声があがったのです。

考えた子どもたちは、次のような提案をしてくれました。

「GKJ戦で、どちらも満点だった場合は、挑戦者にキラキラの新しいライセンスをもらえるようにするのは、どう？」

のちに「ユナルール」と命名されることになるこの新ルールを、ボクは即採用しました。これによって、その後の漢字テストはガラリと様相を変えたのです。

みながプラス思考で漢字テストに取り組むように

なぜだかわかりますか？

それまでＧＫＪの挑戦権を得た生徒は、ＫＴＫライセンスを奪うために、ＫＴＫメンバーの中でも「一番点数をとれそうにない人」を指名していました。

勝つための戦略としては当然ですが、その考え方は前向きとはいえません。

指名された子も、「自分は『できそうにない』と見なされたのだ」とわかりますから、あまりいい気はしないはずです。

しかし、ユナルールの導入によって、挑戦者たちはみな「満点がとれそうな人」を指名するようになりました。

子どもたちは、誰かのお古のライセンスよりも、まっさらでピカピカのライセンスがほしいのです。それを獲得するためには、自分だけでなく相手にも満点をとってもらわなければなりません。

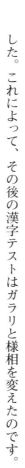

挑戦を挑まれたＫＴＫメンバーは「あなたなら満点とれるよね！」と期待されているわけです。満点がとれたら挑戦者から「ありがとう！」と感謝されます。ライセンスはもちろんのこと、お互いが「満点をとる！」というプライドをかけた挑戦でもあるわけです。

こうして、ＫＴＫメンバーも、そうでない生徒たちも、みながプラス思考で漢字テストに取り組むようになりました。

のちに、初週にＫＴＫライセンスを取得し、そのまま最終週までキープしきった子に贈られる「パーフェクトＫＴＫ」、略して「ＰＫＴＫ」なるライセンスも登場しました。年度の終わる3月には、子どもたちが「毎週、ＧＫＪをやろう！」といい出し、最終的にＫＴＫライセンス保持者が、20人もいるという驚きの結果になりました。

外発的動機から内発的動機へ

そもそもはこのライセンスも、シールと一緒です。最初は「もらえてうれしい」というだけです。

でも、机に貼ってあるライセンスを見て、友達に「すごいね」と褒められたり、「オレもほしいな」と羨ましがられたり、そのライセンスをとるために他の子ががんばっているのを見たりすると、

「また、がんばってとりたい」

「誰にも渡したくない」

と、子どもたちは思うはず。

だから、またがんばってくれます。でも、代わり映えしないライセンスを、いつまでも同じように渡していれば、いずれ飽きてしまったでしょう。

たとえば、ｉＰｈｏｎｅは毎年のように新商品が発売されますが、毎年変わらず飛ぶように売れます。

素晴らしい商品が出ても、いつかは飽きてしまうから、また新しい商品が登場する。

大人の社会も子どもの社会もあまり変わらないのです。

子どもたちもいつか飽きてしまうから、新しいルールを次々に導入して、子どもた

ちの「楽しい」気持ちが、消えてなくならないように工夫しなければいけないのです。

もちろん、「ライセンス」というアイテムは学校だから生きるもの。

また、友達と一緒に競い合ったり、楽しんだりできるからこそ盛り上げられるという一面もあります。

ですから、ご家庭にそのまま導入するのは難しいだろうと思います。

でも、考え方の基本は同じです。

ご褒美という外発的動機づけによって、子どもたちのやる気は引き出せます。

スタートではそれでいいのですが、途中からは、ユナルールのように子ども本人の心の中からわいてくるやる気やプライドなどを刺激する、内発的動機づけへと変化させていかなければ、続かなくなっていきます。

そのためには**「やってよかった」「楽しかった」という気持ちを、お子さんに持ってもらうために工夫する必要**があります。

たとえそれが、ご褒美につられたことによる成果であっても、

「最近、すごいじゃない。ねえ、お父さんもそう思うでしょ」

「ほんとにすごいなぁ。最近、変わったな」

と大げさに驚いてみてください。

おじいちゃんやおばあちゃんにも、お子さんのすごいところを報告して、一緒に褒めてあげてください。

そうして周りに認められているという実感を得ることは、お子さんにとってはとてもうれしいご褒美であり、内からわき出るやる気のもとになります。

同時並行でいくつものことをやってみる

——やってみて、はじめてわかる。わかることが大事

何度もいいますが、人は飽きるものです。

本好きな人でも、たった一冊の本だけを、何度も何度も読めといわれたら、最初は楽しく読めても、いずれ飽きてしまうでしょう。

同じように、ボクの提案に乗り気になって、楽しそうに挑んでくる子どもたちも、同じことの繰り返しをしているうちに、やがて飽きがきます。

だからボクは、これまでにも紹介してきたように、**あの手この手、その手、猫の手まで、ありとあらゆる使える手を駆使して、子どもたちが飽きる前に「飽きない手立て」を考えなくてはなりません。**

飽きさせない方法の一つとして、ご家庭でもやりやすいものをご紹介するとしたら、

「同時並行で、いくつものことを同時にすすめていく」

という方法が一番でしょう。

斬新なアイデアなど必要がなく、誰にでもできることだからです。

勉強もして、スポーツもして、音楽も聴き、本も読んで、アウトドアを楽しんで……という具合に、飽きるヒマもないというほど忙しく、たくさんのことを同時にやってみたらいいのです。

なんでもやってみたらいい。

そういうと、心配される親御さんもいます。

「子どもが気に入らなかったら、時間のムダになるのでは」

「あれこれやっても、長続きしないかもしれないし」

確かにその可能性はあります。でも、それでもやってみる価値はあるとボクは思います。

なぜなら、**何事もやってみなければ、お子さん自身が何も判断できない**からです。

それをやることが、

「好きか嫌いか」

「やってみたいか、そうでもないか」

「得意か、不得意か」

「楽しいか、つまらないか」

については、やってみて初めてわかります。わかることが何より大事です。

一枚とったら、もう一枚。二枚とったら三枚目

勉強も同じだと思いませんか。

国語も、算数も、理科も、社会も、まず同時並行ですべてをやってみてから、

「私は算数が得意」

「僕は社会が好き」

と、わかってきますよね。

場合によっては、「とくに好きじゃないけれどやればできる」とわかったり、「好きなのに成績はイマイチ」と、気づいたりすることだってあるかもしれません。

そうして、得意なこと、好きなことが見つかったら、まずはそこに腰を据えてじっくりやってみる。得意なことならやっても苦にならないでしょう。好きなことに対してなら、やる気も自然とわいてきます。

そうして一つの分野が極まっていくことで、子どもたちには自信が生まれます。

「やればできるじゃないか」

「他のこともやれるんじゃないか」

そういう思いが、子どもたちが伸びていくきっかけになるかもしれません。

先に、ボクのクラスで発行している、ライセンスについてお話しました。

ＫＴＫ以外にもいくつかの種類があるのですが、ライセンスがほしい子どもたちは「どのライセンスなら取りやすいか」と考えはじめます。

その結果、ほとんどの子どもたちは、それぞれが自分の得意分野に関するライセンスに挑むことで、まず一枚目を手にするのです。

そして一枚手にすると、もう一枚ほしくなるのが人情です。二枚とったら、三枚目もほしくなります。

「自分の力で一番取得しやすいライセンスはどれかな？」

「このライセンスをものにするには、どんな努力をすればいいだろう？」

子どもたちはさらに知恵を絞って、挑みます。

しかも、多種のライセンスを取得するため、同時進行でチャレンジし続けます。

ライセンスそのものも、新しいルールが追加されたり、ワンランク上のレベルのライセンスが新設されたりと、変化していきます。

こうやって、子どもたちがそう簡単には飽きたりしない工夫をするわけです。

最初から型にはめないように

この「同時進行」するやり方であれば、ご家庭にも簡単に取り入れられるはずです。

ただ、大事なことが一つあります。

お子さんが**どんな内容のことを同時進行するかについては、お子さんの意向で決めるのが理想的**です。

もちろん、親御さんから、

「英語をやってみたらどう?」

「水泳も楽しいと思うよ」

と、提案することはあってもいいのです。

そうではなく、

「私たちの子なら、サッカーが得意に違いない」

「この子なら、英語もすぐに身につくはず」

などと、お子さんの可能性について、親御さんが決めつけてしまわないように気をつけてあげてください。

何事もやってみなければわかりません。

逆にいえば、やってみればある程度はわかるでしょう。

場合によっては、思いもよらない才能が発見できるかもしれません。

ですから、最初からお子さんを型にはめてしまわずに、その挑戦をゆっくり見守ってあげてほしいと思います。

「家庭のルール」をはずしたときに見えるもの

逆に伸び伸び育ってほしいから、何か決めつけたり、押し付けたりはしない。

そう意識して、お子さんに接している親御さんもいらっしゃるでしょう。

ただ、意図せず、よかれと思ってやっている些細な行動が、結局は何かを押し付けることにつながっている場合もあるのです。


たとえば、毎朝のルーティンについて考えてみましょう。

お子さんが起きてきたら「歯磨きしてきなさい」とせかし、「早くご飯食べちゃいなさい」と声をかけ、その後も「着替えをしなさい」「支度はできてる?」「トイレは大丈夫?」などと、お子さんの行動を促してはいませんか。

生活習慣が身につくように、という側面もあるでしょう。それぞれの行動は確かに身につける必要のあることです。

しかし、「朝支度の順番」については、それぞれのご家庭によって違うことがありますよね。

朝起きてすぐに歯磨きをする人もいれば、食後に歯を磨く人もいます。食事の前に着替える人もいるし、トイレをどのタイミングで済ませるかも人によって違います。

つまり、お父さん、お母さんが促す朝支度の順番は、あくまで親御さんの習慣であって、お子さんはそれを押し付けられているとも考えられないでしょうか。

もちろん、それが悪いわけではありません。

ご家庭のルールを決めるのは、お父さん、お母さんの役割でもあります。

でも、あえてその「家庭のルール」をはずしてみたとき、お子さんはどんな行動をとるのでしょうか。気になりませんか？

朝食でも、着替えでも、

「さあ、やりたいところから済ませちゃいなさい！」

といったら、お子さんはまず何をするでしょう？

まっさきに顔を洗いたがるかもしれません。

とりあえず空腹を満たしたいと、食卓につくかもしれません。

まずは着替えてしまいたいと、パジャマを脱ぎはじめるかもしれません。

一度、やりたいようにやらせてみて、その結果を、朝のルーティンに組み込んであげてはどうでしょう。


もしかしたら、親御さんが考えるやり方と、お子さんのやり方が食い違うことがあるかもしれません。

たとえば、お子さんは「歯磨きを済ませてからきれいな口で朝食を食べたい」と考え、お父さん、お母さんは「朝食を食べてから歯磨きして虫歯予防をしてほしい」と考えるかもしれないわけです。

そのときは、なぜその順番でやりたいのか、やったときどのような結果になると考えられるか、お子さんとしっかり話し合って決めたらいいと思います。

その火が消えてしまわないように……

何度もいいますが、子どもはやりたいこと、好きなこと、得意なことは、放っておいてもやりたがります。

大人はただ、子どもの様子をじっくり観察して、興味ややる気にぽっと火がつく瞬間を見極めればいいのです。

一度火がついたら、そこへどんどん燃料を投下して、もっともっと燃え上がるように手助けしてあげましょう。

ただし、同じ燃料ばかり使い続けると、子どもは飽きてきて、火はいつか小さくなってしまいます。

燃料を変えたり、量を変えたりと工夫して、火が消えてしまわないよう努力するのが大人の役割ではないでしょうか。

3章

子どもが“もっと伸びる”褒め方「他人《ひと》の手」

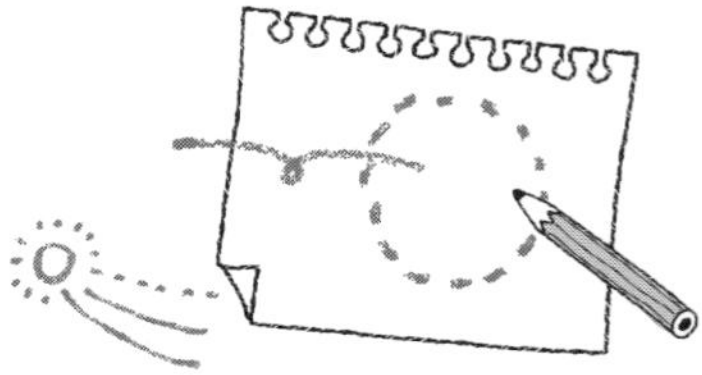

「ただ、褒めればいい」わけではない

――〝褒め言葉〟をかける前に踏んでおくべき「5つの段階」

「子どもは褒めて育てよう」

と、よくいわれますよね。

確かに、褒めることは大事です。

でも、ただ褒めればいいというわけではないと、ボクは思います。

お父さん、お母さんは、「褒めてあげなきゃ」というちょっとした焦りを感じていて、本音では「たいしてすごくないな」と思っていることまで、「すごいね」と褒めてしまいがちではないでしょうか。

でも、それではせっかくの褒め言葉も、お子さんの心には響かないだろうと思います。子どもは大人を見抜くものです。

では、どう褒めればいいのでしょうか？

「褒め方」には5つのレベルがあるとボクは考えています。

褒め言葉をかける以前に、踏んでおくべきいくつかの段階があるのです。

褒め方のレベル5つ

レベル1は、見ること。


「もちろん、いつも見てるよ！」と、いいたくなる親御さんもいるでしょう。

でも、たとえば学校から帰ってきたお子さんに「今日はどうだった？」と声をかけたとき、お母さんの視線はちょうど、まな板の上で切っていた野菜のほうに向かっていたりはしませんか？

顔を上げ視線を合わせて、お子さんと会話をする時間が、一日のなかでどれほどあるでしょうか？

子どもは、見てほしがっています。人はみんなそうです。大好きな人には自分を見てほしいと思っています。

アイドルのコンサートに行ったファンが、「こっちを見てくれた！」「絶対に目が合

った！」と騒ぐのは、

「見てほしい」

という気持ちが誰の心にもあるからです。

お父さん、お母さんが見てくれているというだけで、お子さんは喜んだり、ほっとしたりするものです。


レベル2は、気づくこと。

そこにいるのね。今、それをやってるんだね。がんばってるんだね。

そうやって子どものやっていること、考えていることに気づくことです。

「この問題、わかる人！」

と質問すると、たくさんの手が挙がります。その中に、いつもはなかなか手を挙げない子が、二人も手を挙げていたら？

どちらの子を当てたらいいのでしょうか。

ボクは二人とも当てます。

一人の子に、

「次、当てるからね」

と先に指差しておいてから、もう一人の子を、

「じゃ、○○。答えて」

と指すのです。答えが同じでも構いません。あとで答えた子が「同じ意見です」と
いうこともあります。

そのときは、

「『同じ意見です』と、答えるつもりじゃなかっただろ。何かいいたい言葉があった
だろ。もしかしたら違うところがあるかもしれないんだから、自分の言葉でいってみて」

といいます。

見ていたよ。気づいたよ。

勇気を出した二人の子たち、両方にそれをわかってほしいから、ボクはこんなズル
をするのです。


レベル3は、認めること。

できた。やりきった。その事実を認めるのです。

発表し終えた子たちに「よし」「ありがとう」とうなずきかけるだけでも、子どもたちは「認められた」のだとわかってくれます。

こうして、三つの段階を踏まえてようやく、**レベル4「褒める」**の段階がやってきます。

レベル1から3までの段階があるからこそ、

「すごいね」

「よくやったね」

「がんばった」

という褒め言葉には、心がこもるのです。

子どもも、お父さん、お母さんがきちんと見ていてくれたと知っているから、心から褒めてくれていると感じることができます。

「見ていてくれた。気づいてくれた。認めてくれた」

褒め方というと、

「どんな言葉をかけたらいいんだろう？」

という方向に、考えてしまう人が少なくないように思います。

たしかに、ビジネスや人付き合いの場面では、言葉を駆使する必要もありそうです。

でも、親と子の間であれば、言葉で気持ちを飾らなくてもいいのです。

見ていてくれた。気づいてくれた。認めてくれた。

その実感がお子さんの中にあれば、とてもシンプルな褒め言葉でも、十分に心に響きます。

お子さんを褒めるのに、テクニックなど無用です。

どう褒めたらいいのか悩む前に、目の前のお子さんをしっかり見てあげることから、はじめてみてはどうでしょう。

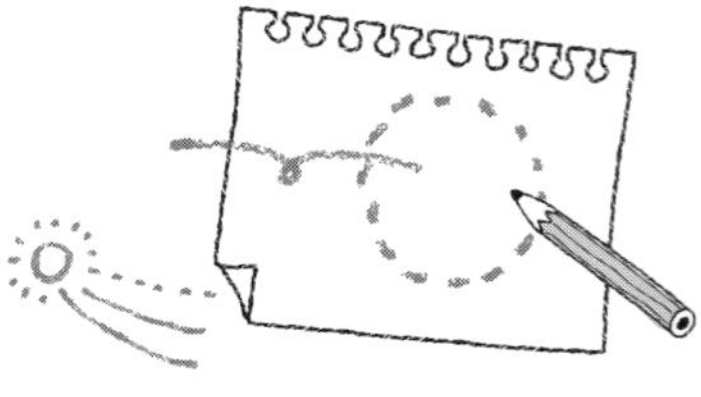

心のままに大喜びしてみる

――お父さん、お母さんの笑顔は〝かけがえのないご褒美〟

前項で、褒め方には5つのレベルがあるとお話ししました。

残り一つ**「褒める」よりさらに一段階上のワザ**について、まだご紹介していませんでしたね。

それは、**喜ぶこと**。

がんばったら、お母さんが喜んでくれた。

やってみたら、お父さんが喜んでくれた。

お父さんとお母さんの笑顔ほど、子どもの心に強く残るものはないでしょう。

ちなみに、ボクは子どもたちがすごいことをやってのけてくれたときは、大喜びして大騒ぎします。

あるとき、出張や学外での仕事が立て続けにあり、「午前中は自習」「午後から自習」といった日々が続いた時期がありました。

自習中は子どもたちにプリントをやってもらい、「丸つけも自分たちでやっておいてね」と指示します。すると、

「模範解答は？」

といいだす子もいますが、

「何いってるんだ。もう勉強済みの範囲ばかりなんだぞ。世界一のクラスが全員で寄ってたかって解けない問題なんかないだろ」

と話すと、子どもたちは「確かにそうだよね」と納得してくれます。

ボクが登校すると、自習のプリントは答え合わせまで済ませた状態で集められ、ボクのデスクの上に置かれているのです。

さて、子どもたちはそこで作業終了なわけですが、ボクにはまだ仕事が残っています。

このプリントをチェックしなければいけません。出席番号順に並べなおし、点数をチェックして……という単純作業。

大きな声ではいえませんが、これが面倒なのです。

自分でいうのもなんですが、ボクはウラオモテのない性格だからか、子どもたちの前でもついつい本音が漏れてしまいます。

だから、「面倒だなあ」とぶつぶついいながら、いつもチェックしていました。

「これをパッと済ませてしまういい方法はないものか」といつも考えるのですが、思いつきませんでした。


ところが、ある日のこと。

用事があって3時間目から登校し、1、2時間目にやってもらった自習のプリントをチェックしようとしたら、すでに出席番号順に並び替えられていたのです。

「えええ！　これ、誰がやってくれたの⁉　おい！　誰がやった？」

ボクはもう驚くやら感心するやらで、大声をあげました。

「すっごいアイデア！　これすごいよ！」

「ぬまっち、いつも『めんどくせえ』っていってるから、ＰＪＴにしてやっといたよ」

「よく思いついたね！　ホント助かるよ。何でオレ、今まで気づかなかったんだろう？　いやー、これすごいなー！」

とにかくボクは大喜びです。

あまりにも予想外のできごとで心底驚いたし、忙しくて心身共に疲れていた時期でもあって、本当に本当にうれしかった。うれしさのあまり、大騒ぎしてしまいました。

先生がこんなに喜ぶなら、やってやろうじゃないか

さて、この日以来、プリント類の提出物は、出てくるもの出てくるもの全部、子どもたちが並べ替えておいてくれるようになりました。

「終わった人から順番にカゴに入れてね」といった類のプリントも、みんなが出し終わったあとに誰かがカゴから出して、わざわざ並べ替えてくれるのです。

そう、子どもたちは、「出席番号順に並べなおす」ＰＪＴを立ちあげたのです。

並べ替えるだけでＰＪＴ達成となり、壁に飾る花が増えるうえ、ボクを喜ばせるこ

ともできて、子どもたちも大満足というわけなのです。

先生がこんなに喜ぶなら、やってやろうじゃないか。

子どもたちはきっと、そんなふうに思ってくれたのだと思います。

お子さんが何かすごいことをやってのけたとき、気の利いたことをいおうとしたり、カッコつけた素敵なフレーズを探したりする必要はなさそうです。

心のままに大喜びしてしまっていいと思います。

お父さん、お母さんが笑顔で喜んでくれたなら、それはお子さんにとってかけがえのないご褒美になるのではないでしょうか。

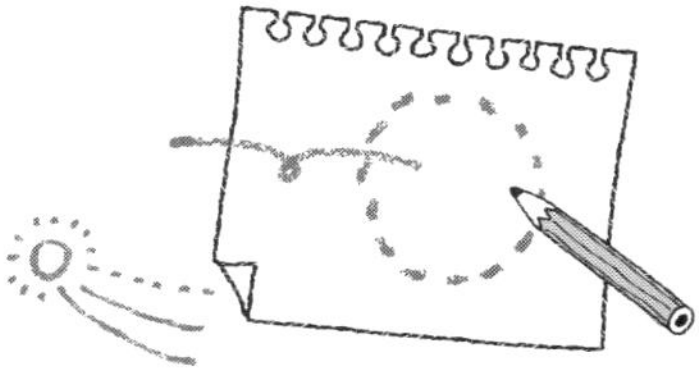

手を替え、品を替え、何度も何度も褒める

――「ちゃんと見てくれている」「わかってくれている」と感じさせる

見て、気づいて、認めて、褒めて、喜ぶ。

以上がこれまでにお伝えしてきた褒め方の5段階です。

ここでもう一つ、とっておきの褒め方を付け加えておこうと思います。

これはレベル5の「喜ぶ」にオプションとしてついてくる褒め方で、

「その人が喜んでいたことを、別の人から聞く」

という方法です。

たとえば、お子さんが夕飯の準備のお手伝いをしてくれたら、お母さんはとても喜びますよね。喜んでくれるのを見て、お子さんは「やってよかった」と思うでしょう。

さらに、次の日の朝。お父さんから、

「昨日は、お手伝いをすごくがんばってくれたって、お母さんが喜んでいたよ。えらかったな」

と褒められたら、お子さんはもっとうれしくなるはずです。


六代目世界一のクラスである4年3組の子どもたちが進級する直前、

「4年3組のCMを作ろう」

とボクは提案しました。

それまでに表現力学習の一つとして、各地の名物や銘菓を取りあげ、そのCMを作成するという課題を彼らはこなしてきました。

その総仕上げとして、クラスのCMを作ってもらうことにしたのです。

いくつかの班に分かれて作ったのですが、どのCMにも絶対といっていいほど「ぬまっち役」が登場します。

「ぬまっち」と書かれた大きな紙を、胸元にバーンと貼り付けたボク役の子どもたちが、

「4年3組は、なんでも自分たちでやってしまうんですよ」

「子どもたちは、本当にすごいんですよ」

と、**自分たちを褒めちぎっていた**のです。

「うちのクラスは本当にすごいよな」

子どもたちは、ボクをよく見ているなぁと感心します。

ボクが様々なメディアの取材を受けるのも、こうして本を書くのも、Twitterなど

SNSでクラスの情報を発信するのもすべて、

「君たちは本当にすごい」

「うちのクラスは本当にすごいよな」

と、子どもたちに伝えたいからです。

子どもたちがすごいのは本当のことだし、もちろん子どもたちの前でも「お前たちはすごいな」といいます。

それでも「まだ伝え足りない」「もっと確信を持ってほしい」と思うから、**あらゆるツテを利用して、**

「お前たちはすごいんだぞ！」

とボクは叫んでいるのです。

それに、もしかしたら親御さんが彼らについて書かれた、ネットの記事に目をとめて、

「こんなことまでやってるの？　本当にすごいね」

と、お子さんを褒めるかもしれません。

おじいちゃん、おばあちゃんや、おじさん、おばさん、いとこにまでその話が伝わって、

「お母さんに聞いたよ。よくがんばってるんだね」

「お父さんに教えてもらって、本を読んだよ。本当にいいクラスだね」

と、褒めてもらえるかもしれません。

子どもたちが褒めてもらえる機会は、増えれば増えるほどいいのです。

はじめは〝ざっくり〟、次第に〝細かく〟

お子さんを褒めてあげるときは、手を替え品を替え、何度も何度も褒めてあげてく

ださい。

ただし、先にも書いたように、上手く褒めようと美辞麗句を並び立てたりする必要はありません。

ただ、ちょっとした褒め方のコツがあります。

はじめはざっくりと、「すごいね」「上手だね」と褒めるだけで十分です。

でも、いつまでも同じ言葉で褒め続けると、

「ほんとにわかってる？」

「すごいっていっておけば、いいと思ってない？」

と疑われそうです。

ですから、**次第により細かい部分に焦点を当て、ピンポイントに上手なところ、上達したところを褒めるようにする**のがおすすめ。

たとえば、漢字が上手に書けるようになったら、

「すごいね」

と褒め、

「とくにこの字は上手に書けている」

とさらに褒め、

「書ける漢字がどんどん増えてるね」

「書くスピードもかなり早くなってるんじゃない？」

「お母さんが名前を書くより、あなたが自分で書いたほうが上手だよ」

と、いつまでも褒め続けてあげてください。

ちゃんと見てくれてる。わかってくれてる。

お子さんがそう感じられる褒め方をしてあげると、褒められる喜びがますます増していくはずです。

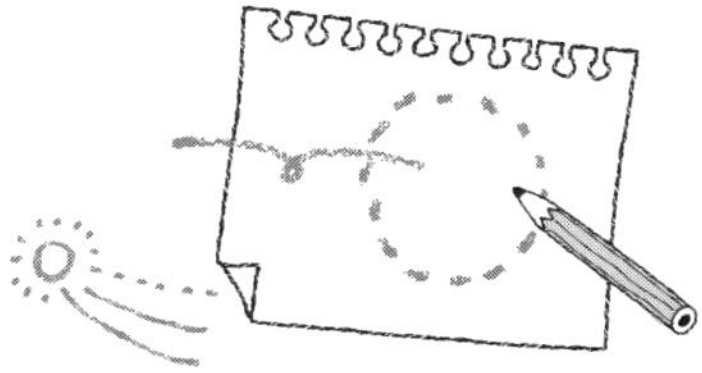

〝過不足なく〟褒め、「なぜ？」「どうして？」を大事にする

――伸びる子の家の二つの特徴

子どもの可能性を伸ばしたい。

でも、どうすれば伸びるのだろう？

ボクたち教師も、親御さんたちも、子どもの可能性を少しでも伸ばす方法について、いつも考えていると思います。

ボクは常々、**教師だけががんばっても、親御さんだけががんばっても、子どもたちの可能性を最大限まで引き出すことは、難しい**のではないかと思っています。

両者の協力が大切です。

学力面に関しては、ご家庭での取り組みが必要不可欠といえます。

では、伸びる子どものご家庭には、どのような特徴があるのでしょうか？

ポイントは二つ。

一つは「褒め方」。もう一つは「会話」です。


褒め方についてはすでに紹介しましたが、ここでは「どうやって褒めるか」というより、「どんなことで褒めるか」にポイントがあります。

たとえば、テストで80点をとったとき、

「すごい！　今回はよくがんばったね」

と褒められる子もいれば、

「そうか。あと20点は何をミスしたの？　復習はした？」

といわれる子もいます。


極端なことをいえば、満点をとって褒められる子と、褒められない子がいるのです。

平均してどれくらいの点数をとるのか、前回のテストと比べてどうだったかなど、いろいろな要因が、親御さんの反応に関係してくるとは思います。

ただ、あくまで傾向としてですが、ボクの経験からいえることは、満点でも褒められない子のほうが、褒められる子よりも学力が高いことが多いのです。

ここで間違ってほしくないのは、

「満点をとってきても褒めなければ、成績が良くなる」

という話ではないことです。

前回のテストが50点だった子が、80点をとったなら、存分に褒めてあげていいと思います。きっとがんばったはずです。

今の上り調子を維持してもらえるように、

「やればできるんじゃない!」

「次は100点だって狙えるよ!」

と、子どもの努力を認め、さらに高い目標を達成できるように、褒めてやる気を出してもらうことはとても重要です。


一方で、前回満点でも褒められ、今回80点でも同じように褒められたら、

「80点でいいんだな」

「100点じゃなくてもいいんだな」

と、子どもが解釈してしまう可能性もありますよね。

褒められたことによって、かえって「もっとがんばろう」「もっといい点をとろう」という意欲が、わきにくくなってしまうかもしれないのです。

また、いつも満点に近い点数をとっている子であれば、満点だとしても、とりたてて褒められることはないかもしれません。

「そうか、そうか。テストお疲れ」

くらいのねぎらいで十分なのは、「あなたなら、それくらい取れるわよね」という親御さんからの信頼を感じるからでしょう。

褒められて意欲がわくこともあれば、褒められなくても十分満足する子もいます。もしくは、分不相応に褒められることで、できていないのに「できた」つもりになってしまう危険もあります。

要するに、**とりあえず褒めておけば伸びるという、単純な話ではない**のです。

会話を通して、ものの見方、世の中の見方を学ぶ

伸びる子のご家庭の二つめの特徴である「会話」。

こういったご家庭では、食事中でも、買い物中でも、お子さんと親御さんの間でかわされる会話が「知的」です。

よく、クラスの子どもたちに、「先生と話していると楽しい」といわれることがあります。理由を聞くと「勉強になる」とのこと。

ボクは休み時間になると、パソコンでニュースを見ながら子どもたちに、

「この事件について、どう思う？」

「なんでこんなことが起こったんだろう？」

「どうやったらこの問題が解決できるかな？」

と、あれこれ尋ねます。

彼らは彼らなりに考え、意見を出してくれます。ボクもボクなりの考えを返して、ちょっとしたディスカッションになるのです。

子どもたちは、意外な意見を出してきたり、鋭い分析をしてみせたりするので、おもしろいのです。ボクもおもしろいと思っているし、彼らも「勉強になる」と思っている。

会話を通して、ものの見方、世の中の見方を学んでいます。


お子さんに質問する。

それだけのことなら、ご家庭にも今すぐ取り入れられるでしょう。

テレビを見ながら、

「これどう思う?」

と、質問してみてください。お子さんの考えを聞き、親御さんの考えを話してあげてください。


ちなみに、ボクは子どもたちとこんな会話をしています。

たとえば、ニュースを見ながら。

「車のタイヤをパンクさせるイタズラがあったらしいよ。なんでこんなことが起こるんだろう」

「うーん。むしゃくしゃしてたんじゃない」

「そうだなあ。たぶん、ヒマだったんだと思うよ。お前たちは勉強にも遊ぶのにも忙しいから、イタズラなんてするヒマないだろう？」

「確かに！」


オリンピックでメダルをとった直後の、選手へのインタビューを聞いて。

「『次のオリンピックはどうしますか？』だって」

「休みたいんじゃない？」

「365日×4の日数、がんばってきて、やっと終わったのに、その直後に『また四年間、がんばりますか』って聞かれても、すぐには答えられないよなあ」


政治のごたごたも、痛ましい事件も、どんなことでも話題にとりあげて、子どもたちと話します。

他愛ない話でもいいんです。

ただ、新聞やテレビのニュースを見ただけではわからない視点、見えてこない部分になるべく焦点をあて、言葉を選びます。

一つのできごとから、どんな意見が考えられる？

大人にはあたりまえのことであり、あえて言葉にしないこと。

暗黙の了解になっていて深く追究しないこと。

そんな部分に改めて目を向け、お子さんと一緒に話し合うことで、ものごとに対する新しい目の付け所を発見したり、裏に隠された真意を知ったりすることもできます。

「なんでだろう？」

「どうしてだろう？」

こうした言葉を会話の糸口にするだけでも、そこそこ知的な方向へと話を展開させていけますから、あまり難しく考えず、軽い気持ちで、日頃の何気ない会話のなかに、「なぜ？」

「どうして？」
を増やしていってみてください。

その意見が正しいか、間違っているかという点ばかりが重要なのではありません。
一つのできごとから、どんな意見が考えられるのか。
その考えを、どういう言葉にすれば相手に上手く伝わるのか。
人に自分の考えを伝える練習にもなります。
お子さんとの知的な会話を、ぜひ楽しんでみてください。

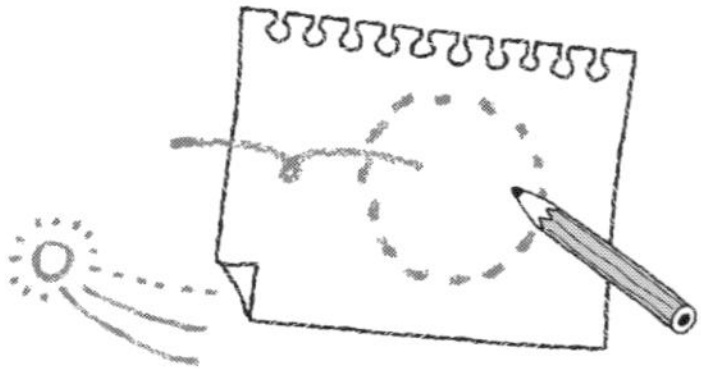

子どもを誰かと比べない

――優劣をつけたりしなくても、伸びる場面はたくさんある

お父さん、お母さんほど、お子さんのことを考えている人はいないでしょう。

子どもが将来、少しでもたくさんの幸せを手にしてほしい。
思い通りの人生を手に入れてほしい。

その可能性を少しでも高められるように、心を砕き、手を尽くすものです。
わかりやすくいえば、勉強ができる子でいてほしいし、スポーツも得意であってほしいし、礼儀作法、言葉使い、その他諸々のいろんなことが、できないよりはできたほうがずっといい、と考えるはずです。

その一方で、「もっと勉強しなさい」と何度もいうのは気が引けるし、できないからといって子どもを叱るのも、やらなくて済むならやりたくないものです。

眉を吊り上げているお母さんより、にこにこ笑顔のお母さんでいたいというのは、誰もが思うことでしょう。

となると、お子さんのやる気を引き出したいとき、親御さんがとれる手段というのはある程度限られてくるように思います。

よくあるのは、

「Aくんは、掛け算が速くてすごいわね」

「Bさんは、足が速くてすごいわね」

と、クラスのお友だちの「できる部分」を持ち上げて褒めるというやり方です。

「あなたももっとがんばって！」

という気持ちが言外に込められているわけですが、ここにはちょっとした盲点があります。

それは、褒めるという形をとりながら、お子さんとお友だちを比べてしまっているということです。

それに、たしかにAくんは掛け算が速いかもしれません。でも、かけっこをしたらお子さんのほうが断然速いかもしれないのです。

Bさんは確かに足が速いけれど、泳ぎならお子さんもBさんに引けを取らないかもしれません。

お父さん、お母さんは、お友だちが「できること」にはとても敏感ですが、「できないこと」には、案外、無頓着です。

逆に、我が子のこととなると、できることより、できないことのほうがクローズアップされ、気になってしまう傾向があるように思います。

各分野のスターたちと比べられるお子さんは、きっと納得いかないでしょう。

「計算では負けるけど、漢字のテストでは勝てるのに」

「球技では負けるけど、持久走なら勝てるのに」

自分よりできる子と比べられて、気持ちのいい子はいません。

それで、やる気に火がつくことなど、あまり期待できません。

それに、**子どもたちの間に優劣をつけたりしなくても、子どもが伸びていく場面はたくさんあります。**

「自分には力がある」と確信できる方法

たとえば、三代目世界一のクラスである、2年2組のタンニンだったとき行ったものの一つに、「ひらがなプロフェッショナル」、略して「ひらプロ」がありました。

子どもたち一人ひとりに、好きなひらがなを一文字選んでもらいます。

「その一文字のひらがなについて、誰よりも美しく書けることを目指そう」

と、ボクは子どもたちにいいました。

担当するのは、たった一文字。

「あ」担当の子は「あ」だけ、「い」担当の子は「い」だけ。子どもたちはその一文字を徹底的に研究しました。

どうすれば美しく書けるのか。正しく書けるのか。繰り返し練習し、一文字を極めて、プロフェッショナルになってもらったのです。

一文字分のマスを十字リーダーで四分割し、どの部分を、どの線が、どんなふうに通ればいいのか、子どもたちは担当する一文字について、とことん突き詰めていきました。

彼らの研究ぶりは素晴らしく、文字はめざましく上達しました。プリントに書き入れたボクの赤字にまで、子どもたちからの修正が入ったくらいです。

担当の一文字については、ボクよりあきらかに上手に書くようになりました。


ここで終わらせるのはもったいない。

そう思ったボクは、ワークショップを開くことにしました。

世田谷小では、2年生と1年生が「お相手さん」というペアを組んで、面倒を見る仕組みがあります。

これを利用して、1年生の子どもたちに、教えることにしたのです。

当日、2年2組の教室は「ひらがな2丁目商店街」に早変わり。

机をそれぞれの文字の「お店」に仕立て、まわってくる1年生の子どもたちに、それぞれが担当するひらがなを教えていきます。

1年生は大喜び。大盛況で終わったのです。

さらにその後、第二回「ひらがな2丁目商店街」も開催され、保護者の方や、ボクが以前にタンニンをした高学年の生徒たちまで、足を運んでくれました。

この「ひらプロ」の重要なポイントは、

「みんなが一番になれる」

ということです。

子どもたちはそれぞれ、違う文字を担当しています。自分と同じ文字を書く人はいないわけです。

ライバルはいない。比べられることもない。だから、優劣がつかない。

言い換えれば、全員、勝つことができます。みんなが自信を持てます。「自分はできる」のだと、信じることができます。

誰かと比べたりしなくても、自分に力があることを確信できるのです。

それをぜひ知っておいてほしいと思います。

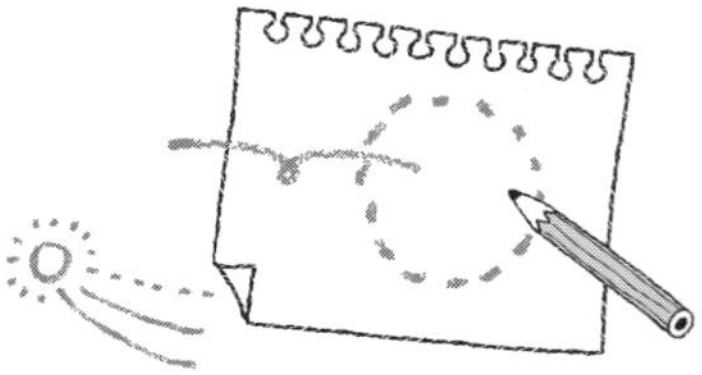

まずは、〝めいっぱい期待し、信じる〟ことから

――期待される子は伸びる

お父さん、お母さんは、お子さんの得手不得手にはかなり敏感です。

上手にできれば、もちろん褒めてあげるでしょう。

一方で、子どもが苦手にしていることや、なかなか上達しない面についてもよく見ていて、とても心配します。

「どうして、これくらいのことができないんでしょう？」

心配のあまり、親御さんから相談をもちかけられることもあります。

どうもお子さんが成長すればするほど、あまりできないこと、下手なところに目がいってしまうようです。

もしかしたら、お父さん、お母さんにとっては、

「これぐらいのこと」
であっても、お子さんにとっては、難しいことなのかもしれません。
逆に、親御さんには難しいことでも、お子さんは難なくこなしてしまうことだって
あるはずです。

できること、できないことは、人によって違います。

子どもによっても違います。

親と子であっても違います。

そのことを忘れてはいけないと思います。

「うちの子はすごい子なんだ」

アメリカの教育心理学者ロバート・ローゼンタールは、

「誰かに期待されることによって、学力は向上する」

と提唱し、これを「ピグマリオン効果」と呼びました。

ローゼンタールはこんな実験を行っています。

小学校のあるクラスに知能テストを受けてもらったあと、

「テストの結果から、今後成績が伸びるのは、この子たちだとわかりました」

と、担任にある名簿を渡しました。

しかし、子どもたちが受けたのは一般的な知能テストで、今後の伸びしろなどわかるものではありませんでした。

加えて名簿に並んだ名前はテスト結果すら関係はなく、無作為に選んだものだったのです。

ところが、興味深いことが起こります。

名簿に名前がのった子どもたちの成績が、実際に伸びたのです。

この結果を受けてローゼンタールは、今後伸びるとされた子どもたちに先生が期待をかけたこと、子どもたちがその期待に応えようとしたことが、成績向上につながったと考えました。


期待される子は、伸びる。

ですから、お父さん、お母さんは、お子さんにめいっぱい期待してください。

ただ、期待して、「あれもやりなさい。これもやりなさい。きっとできるから」とやってほしいわけではありません。

「うちの子はすごい子なんだ」と信じてほしいのです。


ボクは、自分のクラスはすごいと心底思っています。世界一のクラスだと本気で信じています。

実際にすごいのだから仕方がありません。

そして、「この子たちはすごい」と信じているからこそ、もし何らかの問題が起こったり、子どもたちのチャレンジが失敗したりしたときには、

「こんなにすごい子たちが失敗したのだから、絶対に何か原因があるはずだ」

と考えます。

このとき、もしボクが、

「子どもたちはまったくダメだ。何をやらせてもダメだ」

という目でクラスを見ていたら、どうなるでしょう？　おそらく何か問題が起こったら、

「この子たちはもともとダメなんだから、そんなもんだろう」

で片付けてしまい、問題の原因を探ることすらしないでしょう。


「この子はダメだ」

そう思い込んでしまうと、思考は止まってしまいます。

子どもの何気ない行動でさえ、とてもネガティブに見えてしまいます。

「この子はダメだから、やることなすことすべてダメに決まってる」

そんな否定的な視線にさらされて、子どもが自分の可能性を伸ばしていけるでしょうか。


いいえ。ムリに決まっています。

「根拠はボクだよ。『沼田晶弘』だ」

たとえば、我が子が100点満点のテストで50点をとったとき。「この子はダメな子だ」と思いこんでいたら、どんな言葉をかけてしまうでしょう。

「もっと勉強しなさい」

「テレビは禁止」

「これまでより1時間長く勉強しなさい」

こんなことを言われたら、悪い点をとってがっかりしている子どもは、さらに追い打ちをかけられてしまいます。


一方で、「この子には力がある」と信じていたとしたら？

「できる子だから、悪い点数には理由があるはず」

「どうしてミスしてしまったんだろう？　何が原因なんだろう？」

と、テストの結果を細かく見たくなるはずです。その結果、

「掛け算は得意だけど、割り算が苦手なんだ」

「漢字は上手に書けるけれど、送り仮名を間違いやすいんだ」

といったように、子どもが苦手としている点や、ミスの原因が見つかるかもしれません。

それをもとに、弱点克服のために今後の勉強計画を考えたり、次のテストで目指す目標点を決めたりすることができるわけです。

ただし間違ってはいけないのは、

「この子がこんなひどい点をとるはずがない。先生の採点間違いだ」

「できるはずなのに点数が悪いのは、教え方が悪いからだ」

となってしまったら、それは「子どもを信じている」のではなく、「単なる勘違い・見間違い」でしかありません。

お子さんが悪い結果を出したとき、その原因や責任をお子さん以外の何かに押し付けようとしてはいけないのです。

こうなってしまうと、お子さんの問題点は何も見えてこないし、問題を乗り越えて

いく力を身につける機会も失われます。

子どもの持つ力を盲目的に信じすぎるのは、ただの「過保護」です。

あくまで理性的に「この子はできるはず」と信じ、悪い結果に対して真正面から向き合っていくことで、お子さんの伸びしろがどこにあるのか見えてくるはずです。

この子はいい子だ、と思い込んでみてください。

この子は伸びる、と期待してあげてください。

お子さんが失敗したり、悪い結果を出したりしたときには、それをお子さんを信じる根拠にしてください。

もちろん、「親ばか」にならない程度に……。

「うちのクラスは『世界一のクラス』だからさ」

というと、

「どこにその根拠があるの?」

といわれることがあります。ボクは堂々といいます。

「根拠はボクだよ。『沼田晶弘』だ」

ボクが「世界一のクラス」だと信じていることが、彼らが世界一である根拠なのです。

世界一のクラスももう七代目になりましたが、どのクラスも間違いなく世界一です。ボクがそう信じているからです。

ちなみに、ボクの世界一の基準は、将来彼らが大人になって、顔を合わせ、子ども時代を振り返り、

「そっちもいい感じだね。でも、うちのクラスだって最高だったよ」

といえること。

そういう意味では、みんな同点でいい。引き分けで十分。

だって、**誰にも負けていない**のですから。

4章

なんでも“やり抜く力”をつける「神の手」

「教える」と「やらせる」は区別して考える

——「任せる」と決めたなら、手や口を出さない

　1章で書いた「勝手に東京観光大使」では、プレゼン本番の前日まで、時間の限りボクは練習に付き合い、アドバイスしました。

でも、本番では、子どもたちに対して何かを指示することも、口出しも、口添えも、補足することもありませんでした。

観光課のみなさんのうしろから、子どもたちの発表をただただ楽しみました。

ボク自身の目と耳を総動員して、子どもたちの発表に集中しました。

ボクが教えられることは、プレゼンの前日までにすべて終わっていました。

「あとは、みんなに任せる」

そういって任せたからには、口出しなどしません。

ボクは「教える」ことと、「やらせる」ことを区別して考えることが、とても大事だと思っています。

たとえば、

「食器の洗い方はもう覚えたでしょう？　今日はひとりでやってみて」

とお子さんに任せておきながら、食器を洗う子どもの横に立って、

「そんなに強く水を出したら、床までびちゃびちゃになっちゃうじゃない」

「それじゃ、すすぎが足らないよ」

「ここ、ちゃんとスポンジでこすった？　まだ汚れてる」

と、あれこれ口を出したり、手を出したりしていませんか？

「任せる」といったはずなのに、いつの間にか「教える」に変わっていますよね。

任されてがんばっていたのに、やったそばからうるさくいわれてしまった。お子さんは、どう思っているでしょう？

「もうお母さんがやればいいじゃん」

と、すっかりやる気を無くしているかもしれません。

「洗い物のやり方を身に付けてほしい」と思うなら、まずは細かいことまで徹底的に教えてあげたらいいのです。

スポンジの使い方、洗剤の量、ちょうどいい水量、しつこい汚れの洗い方、すすぐときの注意点……。一通りすべて教え終わって、

「今日はひとりでやってごらん」

と子どもに任せたら、そこからは口も手も出しません。隣に立って見守る必要もありません。

シンクから離れて、他の家事をしたり、用事を済ませたりしていてください。

任せると決めたからには、子ども一人でやらせましょう。

子どもが水を出しすぎて、すすいだ水が飛び散り、床がびちゃびちゃになる前に、もしお母さんが、

「ちょっと出し過ぎだよ」

と水加減を変えてしまったら、お子さんは床をびちゃびちゃにして失敗する経験ができません。

「なぜ、床はぬれてしまったんだろう？」

「どうしたら、床をぬらさずに洗い物ができるんだろう？」

と、考えることも、学ぶこともできません。

お母さんは気を利かせ、子どもが失敗するのを防ぎ、正しいことを教えたつもりでしょう。でも、お子さんは、自分がやるはずだったことを、お母さんに取りあげられたような気持ちになっています。だから、

「洗い物なんてつまんない」

と感じてしまうのです。

小さな石ころで転び方をたくさん練習させておく

このごろの親御さんは気が利きすぎるなぁ、と思うことがあります。

お子さんの進む先に石ころがころがっていたら、つまずいてしまう前に全部取り除いてしまう。そんな気の利かせ方です。

お子さんのためを思った、やさしさからであることは間違いありません。

しかし一方で、お子さんの学ぶ機会を奪ってしまっている可能性もあります。**石ころがそこにあることで、つまずいて転ぶ経験をすることも、転んで怪我をしたら痛いのだと知ることも、子どもには必要**なことです。

人は誰だって転びます。人生一度も転ばずに生きていける人などいません。

でも、転んだとき、とっさに手をついたり、受け身をとったりすることができれば、軽傷で済むでしょう。

大人になれば、ひっかかる石も大きくなり、一度転べば大きな怪我をしてしまうかもしれません。

ですから、**子どものうちに、小さな石ころで転び方をたくさん練習しておいたほうがいい**のです。**石ころのかわし方や、上手な転び方、起き上がり方を、子どものうちに身につけておくことが必要**です。

子どもの行く先を考えて、先回りしてすべき行動とは、そういうものではないかと思うのです。

本気で取り組むと、本気で悔しい

――「苦い経験」もまた貴重

子どもには、いつも笑顔で、元気で、幸せでいてほしい。
お父さん、お母さんはそう望まれるものだと思います。
けれど、生きていればつらいこと、悲しいことに遭遇するのを避けられません。

「テストで満点をとりたい」
「かけっこで1番になりたい」
「野球チームのレギュラーに選ばれたい」
「ピアノのコンクールに入賞したい」
「志望校に合格したい」

子どもたちはこれから歩む人生のなかで、たくさんの目標を見つけるでしょう。果敢に挑み、成功することもあれば、上手くいかないこともあります。

成功すれば、親御さんはお子さんと一緒になってめいっぱい喜び、たくさん褒めてあげればいい。

でも、失敗したときは？

しょんぼりするお子さんを前にして、どんな言葉をかけてあげればいいのかと迷うかもしれません。お子さんのがんばりを知っているからこそ、結果がどうであれ、褒めてあげたくもなります。

「結果は残念だったけど、毎日すごく努力してたよね」

「1位はとれなかったけど、2位でも十分すごい！　がんばった分だけ、1位と同じくらい価値があると思うよ」

お父さん、お母さんにそんなふうにいってもらえたら、お子さんも慰められる部分はあるでしょう。

でも、ボクはなんだかもったいないような気になってしまいます。

がんばったことには確かに価値があります。

でも、結果がダメだったことは事実です。

お子さんは、失敗したり、負けたりしたことで、ひどく悔しい思いをしたでしょう。

「もっと、がんばれたのでは」と後悔したかもしれません。

「どうすれば、よかったのだろう」と悩んだかもしれません。

そうした**苦い経験もまた貴重**ではないか。

そうボクは思うのです。

失敗したって、またがんばれる

六代目世界一のクラスが4年3組になった年の5月。

毎年の運動会で恒例となっているクラス対抗リレーにおいて、子どもたちとボクは苦い経験をすることになりました。

世田谷小の運動会で行われるクラス対抗リレーは、ちょっと変わっています。

足の速い子が数人代表に選ばれる、という形式ではなく、全員参加です。足の速い子も、遅い子も、みんな走ります。

また、ただ走ればいいだけのリレーではなく、跳び箱やネットくぐりなどが設けられた障害も突破しなければなりません。

行われるレースは2回。

クラスを4チームに分け、それぞれのレースに2チームずつ参加します。

1位なら1点、2位なら2点という具合に、着順がそのまま得点となり、4チームの合計点が一番少ないクラスが優勝となるルールです。

前年、3年生のときにクラス対抗リレーで優勝した子どもたちは、すぐに新しい目標を立てました。それは、4年生のクラス対抗リレーでは、

「ワンツーワンツーフィニッシュ」

を決めること。

つまり、2回のレースとも1位と2位を独占して、完全優勝を果たすという目標でした。

これは、たやすく達成できる目標ではありません。

ムリかもしれないと思いながらも、子どもたちは互いに声をかけあい、励ましあって、連日の練習をがんばっていました。

その甲斐あって、最初の練習では1レースめが1位・2位、2レースめが1位・4位。リハーサルでは、完全優勝とはいかなかったものの、1位・2位、1位・3位という好成績をとったのです。子どもたちは日に日に、

「やれるかもしれない」

「完全優勝も決して夢じゃない」

と、期待に胸を高鳴らせはじめました。

そうして迎えた運動会当日。

リレー直前の子どもたちは、緊張を隠しきれずにいました。

顔は強張り、体もガチガチ。でも、ここまできたら力を出し切るしかありません。子どもたち自身でプレッシャーを跳ね返してほしい。そう思い、ボクは「がんばれよ！」というひと言だけで、彼らを決戦場へと送り出したのです。

しかし、いざスタートが切られてみると、想定外のアクシデントが次々に起こりま

した。

たとえば、ネットくぐりの障害では、ネットのはり具合がリハーサルと違っていたため、子どもたちが編み出した戦法が使えなくなってしまいました。思うように順位が上がらない焦りからか、思わぬところで転倒してしまう子もいました。

第1レースで走ったグループは、練習ではいつも1位・2位を独占していたのに、結果は1位・6位。この時点で完全優勝の夢が絶たれました。

それればかりか、他のクラスの着順を確認した結果、第2レースで今まで一度もとったことがない1位・2位をとらなければ、優勝すらのがしてしまうことがわかったのです。子どもたちの中には相当焦りを感じた子もいたでしょう。

今までにない緊張感のなかで迎えた第2レース。

アンカーたちがゴールを走り抜けた時点で、子どもたちは号泣していました。

4年3組は1位・2位をとることができなかったのです。

子どもたちは「負けた」と思ったのでしょう。

しかし、レース後の成績発表で告げられた優勝チームは、3組でした。他のチームが反則によって失格となったことで総合得点が変わり、点数の上では彼らの優勝だったのです。

しかし、子どもたちの涙は止まりませんでした。

優勝のアナウンスを聞いて喜ぶ子など一人もいません。レースが終わり退場しなければならないのに、みながその場で棒立ちのまま泣き続け、動こうとしないのです。

ボクがかけより、促して、ようやくトボトボと自分の席に戻っていき、そのまま泣き続けました。

ごまかしてはいけない“悔し涙”

ボクは彼らに、

「結果的に優勝したじゃないか。良かったよ。がんばったな」

とはいえませんでした。

悔しくて泣きじゃくる子どもたちを見て、ボクも涙がこぼれました。

がんばっていた姿を知っている保護者の方にも、もらい泣きする人がいました。

つらいな。悔しいよな。

一緒に涙しながら、子どもたちの悔しさに寄り添うことを、そのときのボクは選んだのです。


めちゃくちゃがんばって、その結果、心底悔しい思いをした。

涙が止まらないほどの悔しい思いができたのは、子どもたちが真剣に目標と向き合い、努力したからに他なりません。

本気で悔しいのは、本気で取り組んだからです。

彼らの涙は、誰にでも流せる涙ではありませんでした。


他の人からすれば「たかが運動会のリレーなのに」と思うかもしれません。

でも、子どもたちにとっても、ボクにとっても、保護者にとっても、決して「たかが」で済まされるものではなかった。

子どもたちのがんばりがあったからこそ、彼らの涙には価値があったのです。

「結果的に勝ったじゃないか」

なんて言葉で、ごまかしてはいけないものでした。

子どもの〝強さ〟を育てるために

失敗にも意味があります。

負けることにも価値があります。

もちろん、慰めや叱咤激励がお子さんの助けになることもあるでしょう。

でも、**悔し涙を流すお子さんに、ただ寄り添い、気持ちを共有してあげたほうがいい……というより、むしろそうするしかない瞬間も、人生にはある**だろうとボクは思います。


「がんばったんだから、失敗してもいい」

それがお子さんにとって慰めになるときもあるでしょう。

ただ、場合によっては、お子さんの実力と結果に真摯に向き合わず、ただごまかしているだけで終わってしまう可能性もあります。

つらい現実でも一緒に受け止める。
一緒に考える。

お父さん、お母さんのそうした心遣いが、乗り越えようとするお子さんの支えになります。

失敗したって、またがんばれる。

そんなお子さんの強さを育てることに、つながるのではないでしょうか。

「できないから仕方がない」ではなく「できるところまで精一杯やる」

——「うしろを振り向くこと」が有効な場合もある

繰り返しになりますが、子どもたちにはそれぞれ得手不得手があります。

これはもう仕方がありません。

大人だって同じです。すべてのものごとを、素晴らしいレベルでこなせる人などいません。


でも、**「できないなら仕方がない」で済ませてはいけない**こともあります。

もし、自分が何かをできないこと、できる力がないことに対して、お子さん自身がひどく失望していたり、自信を無くしてやる気さえ失っているなら、それはとても悲しいことです。

先に、漢字テストの上位者が獲得できるＫＴＫライセンスについて、エピソードをお話しました。

ユナルールの登場によって、子どもたちはより一層、漢字テストにやる気をみなぎらせたわけですが、実をいえばそれは、漢字テストが得意な子どもたちの間でのことでした。

クラスには漢字の苦手な子もいます。

どうしても点数がとれない子たちは、次第にＫＴＫを諦め、興味を無くしていったのです。

当然、このままにはしておけません。

なぜなら、彼らは漢字テストだけでなく、漢字そのものに苦手意識を持ち、嫌いになってしまうかもしれないからです。

そこでボクは一計を案じました。

「漢検7級を持ってない人、手を挙げて。はい、全員受けに行きなさい」

手を挙げた子どもたちはびっくりです。

「大丈夫。今から教える三つのことを実践すれば受かるから。

第一に、帰ったらお母さんに『漢検を受けたい』といって申し込んでもらおう。受験料がかかるよ。

第二に、試験の日まで毎日楽しく学校に通うこと。

第三に、試験の日は、試験会場へ行って、試験を受けること。

これで受かるからな。以上！」

漢検を受けることになった子どもたちは目を白黒させていましたが、すでに受けたことのある子どもたちは「さもありなん」と納得顔。

「大丈夫。うちのクラスの漢字テストのほうが難しいよ」


さて、その後蓋を開けてみれば、漢検を受けた子どもたち全員が、高得点で合格したそうです。

クラスではKTKライセンスがもらえず、「漢字が苦手」とみなされてしまう子たちも、同じ世代の子どもたちと比べれば十分に実力があったとわかったのです。

漢検の合格通知は、漢字への苦手意識を持ちはじめていた子どもたちが、失いかけていた自信を取り戻すきっかけになりました。

レベルを下げての挑戦もあり

できないこと、苦手なことは誰にだってあります。

だからといって**やる気を失ってしまえば、それ以上成長する可能性すら失ってしまいます。**

できないなりに、できるところまでは精一杯やる。そうあってほしいけれど、苦手意識のあることに対してモチベーションを維持するのは難しいものです。

どんなにがんばっても、一番にはなれない事実が、お子さんにとってひどい苦痛であり、ネガティブな気持ちばかりをつのらせてしまうのであれば、思い切って勝負する土俵を変え、レベルを下げて挑戦してみてはどうでしょう。

所属している野球チームでレギュラーが取れず、お子さんが野球そのものを嫌いになってしまいそうになっているとします。

そんなときは、もう少し実力の低い別のチームに所属を変えるというのも、一つの方法です。全体のレベルは下がるかもしれませんが、お子さんがレギュラーを狙える可能性は高くなります。

落ちこぼれだった自分でも、ここでならレギュラーの座を狙える立場にあるという実感が、お子さんのやる気を支えてくれるかもしれません。

自分より上ばかりを見ているとしたら、それは届きそうで届かない空の上に必死に手を伸ばしているようなもの。

同じ状態が長く続けば、次第に苦しくなってしまいます。

お子さんがくじけそうになっていたら、時にうしろを振り向いてみることを教えてあげてください。

そうすれば、実は自分が空まで延びる高い階段のかなり上のほうにいて、自分の下にもがんばっている人が、たくさんいるのだと気づくかもしれません。

現状は変わらずとも、心も少しは軽くなるでしょう。

がんばる気持ちをもう一度、取り戻せるかもしれません。

ほんのちょっと〝おまけ〟をするだけで

——「神の手」は〝自信〟や〝達成感〟の後押しになる

できなかったこと、失敗したことを、

「十分がんばったよ！　できたのと同じだよ」

と、あたかも大成功したかのように、褒めてしまうのはよくありません。

お子さんは成長する機会を失してしまいます。


しかし、ボクはときどき「神の手」を発動して、できなかったことを「できたこと」にしてしまうことがあります。

ボクの**「神の手」**が立て続けに発動するのは、運動会後です。
運動会の前、子どもたちはクラス対抗リレーに向けてかなり走り込みます。走りに走りますから、ほとんどの子は足が速くなります。

とくに、もともと足が遅かった子どもたちは、たいてい速くなります。

そこで運動会後、ボクはこう切り出します。

「運動会の練習で、みんなどれだけ速くなったかな？　タイムを測ってみよう」


この日、ボクがストップウォッチを押すタイミングは、かなりめちゃくちゃです。

スタートの合図からたいていは遅れます。みんなフライング状態なわけですが、ちっとも構いません。

手元にある子どもたちの過去のタイムを見ながら、それよりちょっぴり速いタイムを伝えてあげればいいんです。

子どもたちはタイムが縮んで大喜び。

それでいいのです。


なぜなら、彼らは別にオリンピックの陸上選手ではないからです。

小学校の体育の授業で、子どもたちが走る目的は、体力を向上させること。

それなら、楽しく走ってくれるに越したことはありません。さらに、

「運動会の練習をがんばったら、足が速くなった！」

という楽しい思い出を残すことができたら、子どもたちは走る楽しみをいつまでも覚えていてくれるはずです。

大事なのは、走ることが楽しいと思えること。

だから、ボクは「神の手」を連発するのです。

……あっ、でもここに書いてしまったからもう使えませんね（笑）。ここにもまた自分で制限をかけました。

本当に足が速くなってしまったHちゃん

実際、足が遅かったのに、「速い、速い」といわれているうちに、本当に速くなってしまった子もいました。Hちゃんです。

彼女については、とてもおもしろい逸話があります。

運動会当日、クラス対抗リレーの真っ最中のこと。

Hちゃんのお母さんはクラスの応援をしながら、一人の女の子が走る姿に目を留めました。

「あの子すごく速いじゃない！ すごいわ。Hちゃんもそうなったらいいなぁ」

と、ビデオを撮影しているお父さんにつぶやきました。

ところが、注目していたその女の子がコースを走ってお母さんの目の前にきたとき、衝撃の事実がわかりました。

「ああ!! あれHちゃんだ！」

お母さんはもうびっくり仰天です。

あとで聞いたところによると、お母さんはHちゃんが随分速く走れるようになったことは知っていたのですが、そこまでの実力になっているとは思っていなかったそうなのです。

Hちゃんはその後、学年が上がってからもエース級のランナーとして活躍しました。

あと少しあれば、ドリルの問題が全部解けそう。

制限時間は3分だけど、30秒だけおまけしてあげよう。


それくらいのおまけ、いいではないですか。

ほんの30秒のおまけで、

「がんばったらできてしまった！」

「自分もやればできるんだ」

と自信をつけてくれるならいうことはありません。


ほんのちょっと「おまけ」をすることで、お子さんが達成感を得られたり、自分の成長を実感できたり、その経験が、とても楽しく幸せで輝いたものとして心に残るとしたら、「神の手」はいくら発動されてもいいじゃないか、とボクは思うのです。

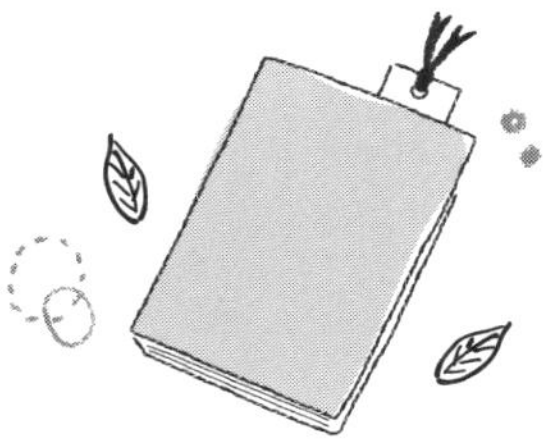

親のがんばる姿は、子どもの何よりの起爆剤

——口うるさくいうより、態度で示す

お父さん、お母さんは、お子さんのことをとてもよく見ています。

一方で、子どもたちもまた、大人のことをよく見ています。

親御さんのことはもちろん、ボクのような学校の先生のことまで、しっかり見ています。

でも大人たちは、自分に向けられている子どもたちの視線に、少し鈍感なのかもしれないとボクは思います。

たとえば、

「がんばれ！」

と、お子さんを励ますとき。

ただがんばってほしい、という親心からの言葉でしょう。でも、お子さんにはその気持ちが伝わらず、煙たがられることもあるはずです。

子どものためにいっているのに、どうしてわかってくれないんだろうと、歯がゆい思いをするかもしれませんが、自分が子どもだった頃のことを振り返ってみれば、「そういうこともあったな」と思えませんか。

ボクにも経験があります。学年が上がるほど、子どもは親の言葉に対して素直になれなくなっていくものです。

自分の背中を見せたお母さん

三代目世界一のクラスである、２年２組のタンニンをしていたときのこと。

ボクは子どもたちに九九を覚えてもらうために、

「81ます計算」

をはじめました。縦横（左端と上端）の列に1～9までの数字を並べ、二つの数字をかけ合わせた答えを書いてマスを埋めていきます（P189）。

月　　日（　　）　　分　　秒　なまえ

月　　日（　　）　　分　　秒　なまえ

ボクのクラスでは、これを「計算トレーニング」略して「計トレ」と呼んでいます。制限時間は2分。もし2分を切ることができたら、「U2（Under 2 minutes）」の称号が与えられますが、翌日の計トレでミスがあったらその称号は剥奪されます。

子どもたちが計算に慣れてきたら、次は1~9の数字をランダムに並べるようにしました。難易度が上がったことで、子どもたちはこのチャレンジにますます夢中になったのです。

計トレはその後も引き継がれ、5・6年の高学年の子どもたちには、「1分21秒」という制限時間を設けました。

単なる九九の計算ではないか、と思われるかもしれませんが、「1分21秒」の壁を突破することは、かなりがんばらなければ難しいのです。

数字を見て、答えをマスに書いて、また数字を見て……というやり方では到底間に合いません。答えを書きながら次の数字を確認し、その答えを書きながらまた次の数字を確認する……という具合に、眼と手に別々の作業をさせなくては、絶対に切れないタイムです。

六代目のクラスのとき、お父さん、お母さんにも計トレに挑戦してもらったことがあります。

すると、あるお母さんがこういい出しました。

「先生、来週も計トレをやりにきてもいいですか？」

「もちろん！」

ボクは即答です。

「私、がんばりますね」

お母さんはとても意気込んでいました。

そして翌週、お母さんは本当に計トレを受けにやってきたのです。

「お母さん、夜にすっごく計算の練習してたよ」

お母さんのがんばりを見ていた子は、ボクにそう教えてくれました。

家でたくさん練習をして、計トレをもう一度受けにきたお母さんの行動が、その後、どんな変化をもたらしたと思いますか？

お母さんのがんばりを目の当たりにした子どもが、俄然やる気になりました。以前の計トレよりもいい点数を取るようになったのです。

お母さんは、

「がんばりなさい」

と言葉でいう代わりに、自分自身ががんばる姿を見せることで、子どものやる気を引き出しました。

本当に素晴らしいやり方だったと、ボクは思います。

「一緒にがんばってくれる」という心強さ

もっとがんばってほしい。

やる気になってほしい。

お子さんにそう望むとき、口でうるさくいうよりも、まずはお父さん、お母さん自身ががんばる姿を見せたらいいと思います。こういうと、

「仕事でがんばってるんだよ」

といってしまいがちなのですが、お子さんには仕事がどんなものかわからないし、どれほど大変なのか、どれだけがんばっているのか想像することは難しいでしょう。

それよりは、**計トレに再チャレンジしたお母さんのように、お子さんと同じ土俵に立って、がんばる姿を見せる機会を作るほうがおすすめ**です。

難しく考える必要はありません。

たとえば**お子さんが打ち込んでいることを一緒にやってみる時間を作ったり、お子さんがやっている教科書の問題に挑戦してみたりするのもいい**でしょう。


お父さんも、お母さんも、一緒にがんばってくれる。

それをちゃんと見て知っているお子さんなら、親御さんの、

「がんばれ！」

という言葉も、励ましや声援として素直に受け取ってくれるはずです。

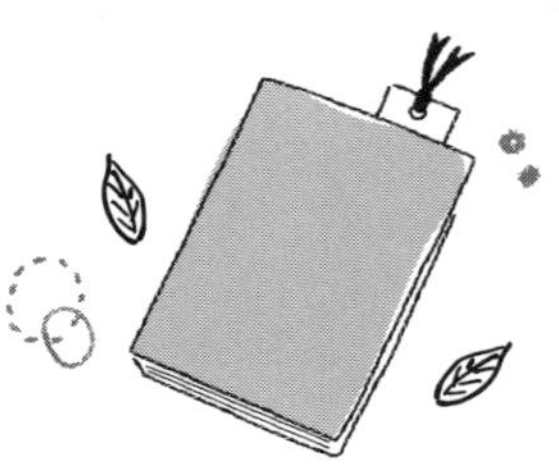

「ただじっと待つ」ことも、ときには必要

――〝背中を押すタイミング〟を間違えない

子どもには、こんなことをやらせたい。

こんな子になってほしい。

お父さん、お母さんは、多かれ少なかれ、お子さんに対してそうした望みを抱くものだと思います。親御さんのそうした願いや期待が、お子さんを成長させる場面もきっとたくさんあるでしょう。

ただ、お子さんに対して「やってほしい」と望む一方で、もう一つ、気にかけてほしいことがあるのです。


子どもたちには、それぞれ持って生まれたものがあります。

人懐っこい子もいれば、内気な子もいます。

物怖じしない子もいれば、引っ込み思案の子もいます。

ただ、学校など子どもたちが集団で過ごす場所では、どうしても積極的な子や社交的な子が目立ちがちです。

しかし、たとえ**内気であっても力のある子はたくさんいる**のです。

がんばっているし、力もあるけれど、生来の内気さから前に出るのに二の足を踏んでしまうので、力を発揮する場所になかなか恵まれないのです。

やる気はあるのに、チャンスがつかめない。

力はあるのに、勇気がわいてこない。

もし子どもが、**内気さからせっかくの能力を活かしきれていないとしたら、チャンスを見つけてそっと背中を押してあげることが大人の役目**だと、ボクは思います。

勇気を振り絞ったMちゃん

3年生と4年生の二年間を共に過ごした六代目世界一のクラスに、Mちゃんという女の子がいました。

力もある。声も出る。考え方もしっかりしている。でも、ちょっと恥ずかしがり屋さんです。

能力面からいえば、どんな場面でも活躍できる子でしたが、自分から踏み出す勇気をなかなか持てずにいました。


3年生一学期の面談で、ボクはMちゃんのお母さんに伝えました。

「彼女は全部持ってる。力があります。ただ引っ込み思案なだけです。いつかきっとチャンスが来るから、そのときボクが必ず背中を押すから、少し時間をください。待っていてください」

でも、なかなかそのチャンスは訪れませんでした。

3年生が終わり、4年生がはじまって、少しずつ発言も増えてきてはいましたが、彼女が持っている力はそんなものではないと思っていました。

しかし、決定的なチャンスを見つけられないまま年を越し、4年生も三学期になってしまいました。

年度が終わって5年生になれば、クラス替えがあり、おそらくボクはMちゃんのタンニンではなくなってしまいます。

残された時間はそう多くはない。

今しかない。

ボクはMちゃんに声をかけました。


「なあ、恥ずかしいよな。わかるよ。でも、4年生も残り三カ月だよ。ずっとこのクラスでやってきたんだから、もしお前が間違えたり、失敗したりしたって、どうなるかわかるだろ?」

「みんなが助けてくれるよね」

「そうそう。そして先生も絶対なんとかする。だから安心して、一回だけでいいから、勇気だしてみよう」

「わかった」

「先生と、約束な」

「うん」

そして二月のある日、Mちゃんは約束どおり、勇気を振り絞ったのです。

先に紹介した「勝手に東京観光大使」のプロジェクトの集大成として行った、都庁でのプレゼン。

その役割分担を決めるとき、プレゼンターとして自ら手を挙げてくれました。本心ではやりたくなかったでしょう。それでもがんばってやる気を出してくれたのです。

普段はおとなしいほうで、控えめなMちゃんです。

しかし、リハーサルの段階でクラスの度肝を抜きました。声は大きく、力強く、説得力もあって、本当に立派でした。

Mちゃんは、自分でチャンスをつかみ、きちんとものにして、本番でも十分に力を発揮してくれたと思います。

彼女は学年文集の中で、こう書いていました。

「知らない人の前で大きな声を出せた。だから、三学期の最初にぬまっちにいわれたこんな約束、達成できた」

Mちゃんが約束を守ってくれたことが、ボクも本当にうれしかった。この作文を読んで、ボクはMちゃんにもそう伝えました。

ときにきっかけを作ってみても

お子さんが
「これをやりたい！」

といったとき。

何かものごとをやらせるには、それが最高のタイミングです。

しかし、待っているだけでは、そのタイミングが永遠に訪れないこともあります。

何もやりたくないというわけではなく、

「やりたいけれど、勇気がない」

「やりたいけれど、自信がない」

と、一歩踏み出すことにお子さんがためらっているようなら、お父さん、お母さんが何らかのきっかけを作ってあげることも必要だと思います。

「これをやりなさい」と提案するのとは、ちょっと違います。

じっくりとお子さんを観察して、

「がんばってみようか。でも、恥ずかしいからやっぱりやめておこうか」

と迷っているときに、

「せっかくだから、挑戦してみたら」

「考えすぎないで、まずはやってみたらいいよ」

と、そっと背中を押してあげるのです。


背中を押すのが早すぎても、遅すぎてもいけませんから、お父さん、お母さんの観察眼と辛抱強さが試されます。

でも、いつもお子さんと向き合っていれば、タイミングを図るのはきっと難しいことではないはず。

ただじっと待つことも、ときには必要なのです。

5章

子どもと“しっかり向き合って”いくための「あらゆる手」

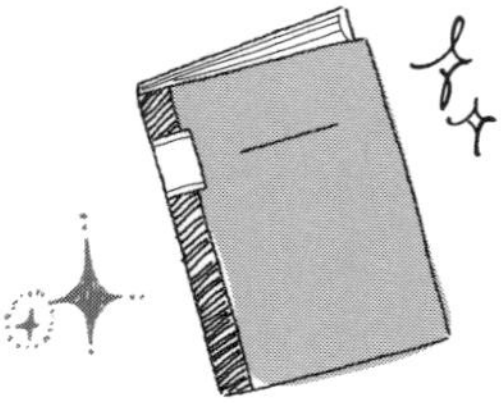

「この子はこんな子」と決めつけない

——大人の接し方次第で「問題児」にも「スター」にも

ボクは教師として、いろんな子どもたちと出会ってきました。

明るい子、おとなしい子、勉強が得意な子・苦手な子、スポーツが得意な子・苦手な子。

それから「いい子」といわれる子もいれば、「悪い子」といわれる子もいます。

でも、**本来子どもに良いも悪いもない。**

大人が大人の都合で、レッテルを貼っているにすぎません。

Ｐ１４９で紹介した「ひらプロ」の際のことです。

ひらがなの担当を決めるときは、もちろん子どもたちの希望を聞きました。

希望の文字が重なったときは、ジャンケンで決めました。

ジャンケンする前に、別の文字へと移った子もいました。

そうやって、基本的には子どもの意向で担当を決めました。

子どもたちが「やりたい」というのであれば、ボクのほうから、

「この文字は、君には難しいんじゃないの？」

などとは絶対にいいません。


その子がどれくらいできるのか。

どんなことが得意なのか。

どんな性格の子なのか。

それを決めつけてもいいことはないものです。


初対面の人を目の前にして恥ずかしがり、お母さんのうしろに隠れる。

幼い子にはよくある行動です。

でも、そんなときに、

「すみません。うちの子は引っ込み思案で」

と、お母さんがいうのはお約束のようなものですが、それを聞いたお子さんは、

「そうか。私は『引っ込み思案な子』なんだ」

と、思い込んでしまうことがあります。

ただ照れていただけのことなのに、親御さんのひと言で子どもが「自称・引っ込み思案」になってしまう瞬間です。

この手のことは、意外によくあります。

大人の都合で貼られた〝レッテル〟

世田谷小では1・2年、3・4年、5・6年と二年間にわたってクラスを受け持つことが多いのですが、三代目世界一のクラスとは、2年生の1年間だけを一緒に過ごしました。

このクラスで出会ったのがMくんです。

彼はその2年後、5年生になったときにまた受け持つことになるのですが、とにかく印象深い子でした。

不思議と人を惹きつけてしまう雰囲気を持っていて、誰からも好かれてしまいます。彼は間違いなくクラスのスターでした。

ただ、出会った頃のMくんは「じっとしていられない子」といわれていました。与えた課題を終えてしまうと、立ち上がってうろうろしはじめます。

「座ってられないか？」

「うん」

「それならベランダを散歩しておいで」

驚いた顔をしながらも彼はベランダに出て行きました。

チラチラとクラスの様子をうかがいながら、しばらくベランダを走り続けましたが、そのうち飽きたのか席に戻り、以降Mくんが授業中に外へ出ていくことはなくなりました。

じっとしていなきゃいけないなんて、それは大人の都合です。

彼には彼なりの「座っていられない」都合がありました。できないことを「やれ」

といってもできるはずがないのです。

クラスに迷惑をかけないのであれば、外を走っていても、ボクの足にまとわりついていても、ボクはうるさいことはいいません。

彼に貼られた「じっとしていられない子」などというレッテルは、大人の都合で勝手に貼られたに過ぎないとボクは思いました。


あるとき、ボクはMくんに声をかけました。

「お前は『やる気スイッチ』を上手に入れたら、やる男だよな。オレがそのスイッチを上手に押せたらいいんだけど、どこにある？　探すのが大変なんだ」

すると次の日、登校してきた彼はボクに左手を見せて、

「ぬまっち、ここだから」

そこには「スイッチ」の絵がありました。

やる気スイッチを見つけられない不出来なボクのために、とてもわかりやすい位置に用意してくれたのです。

「ＯＫ！　でも、ムダに押すともったいないから、ここぞってときに押すからな」

このスイッチが活躍することになったのは、先にも紹介した「お相手さん」のとき。40分の授業時間のあいだ、Mくんはずっと下級生のお世話をしなければならないわけです。

「手を出せ。今日こそ押すぞ」

ボクは彼の左手にある「スイッチ」の絵をポチッと押しました。

その後の40分間、Mくんは本当によくがんばりました。リタイヤしかけたときもありましたし、ボクは何度も彼のところへ〝電池交換〟に行きました。

「あと20分。まだがんばれるか？　頼むぞ」

そうして授業時間をがんばり抜いたMくんはもうヘロヘロ。彼の左手をとり、スイッチをオフにしたとたん、

「ちょっと、どっか行ってくる」

「いってらっしゃい！」

彼はどこかへ行ってしまいました。動きまわりたくて仕方なかったはずですから、きっと校庭あたりを走っていたのでしょう。

彼のこのがんばりを見て、彼のことを「じっとしていられない子」なんていえる人はいないはずです。

Mくんは、やるべきときにやれる力を間違いなく持っていました。途中で投げ出すことなく、限界までがんばれる子でした。

とてもいい子でした。

大人の何気ないひと言で

子どもたちはみんな、まだまだ伸びている最中です。

発展途上です。

伝えたいことを上手く表現できない子もいます。

何ができて、何ができないか、自分でも把握できていない子もいます。

自分らしさや、自分の特徴について、見極め切れていない子もいるでしょう。

こんなに、いろんな一面があるのに、その一部を取り上げて、

「この子はこんな子」

と決めつけてしまうのは考えものです。

なぜなら、それはたいてい大人の都合や常識に照らし合わせて、決めつけたものであって、その子なりの事情など考慮されていないからです。

何より、**その子が本来持っている素晴らしい魅力や可能性を、見逃してしまう**かもしれません。

大人の何気ないひと言が、その子を「いい子」にすることもあれば、「悪い子」にすることもあります。

そのことを忘れないでいてください。

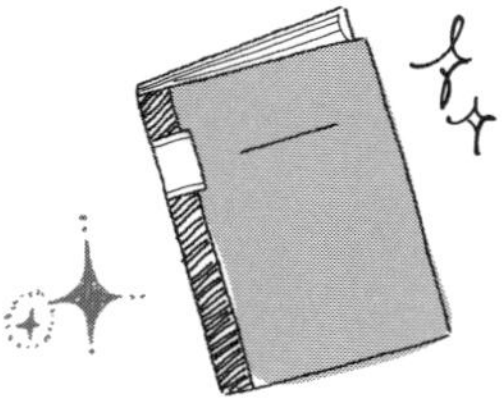

子どもに「本音」を聞くために

――日頃から〝信頼関係〟を積み重ねる

子どもが成長するほどに本音を聞くことが難しくなるのは、親御さんだけでなく、ボクたち教師も同じです。成長の結果だとわかっていても、

「もし、つらく苦しい状況にあっても、何もいってくれなかったら……」

と考えると、気が気ではありませんよね。

逆に考えてみれば、子どもたちが何かで困っていたり、苦しんでいたりするときに、

「お父さんに聞いてもらおう」

「お母さんに相談しよう」

と思ってもらうためには、大人がどう行動し、どう言葉をかけるように心がけたらいいのでしょうか。

先にも紹介しましたが、ボクは子どもたちに毎日ノートを提出してもらいます。

はじめのうちは、

「毎日日記を書いて出しなさい」

とだけ伝えることもお話ししました。日記の内容は問いません。一日一行でも構わない。とにかく毎日、忘れずに出すように伝えます。

そして、4月の最初の保護者会では親御さんにこういいます。

「このノートは見ないでください。これは、ボクと子どもたちとの『秘密のノート』ですから」

「子どもが見てもいいというなら、見てもいいですよ。見てほしくないというなら見ないでください」

「とはいっても、見たくなるでしょう？　今日は、子どもに見たことがバレないよう見る方法を教えますから。覚えてくださいね」

そして、子どもたちにも、

「お父さん、お母さんには、ノートは見ないようにといったからな」

と伝えます。

ノートに日記を書いて毎日提出すること。

お父さん、お母さんは、基本的にノートを見ないこと。


ボクが子どもたちとこの2つの約束をするのは、理由があります。

いざというときの逃げ道として、このノートを残しておきたいのです。


お母さんとケンカをした。お父さんに叱られた。

くすぶった気持ちを、どこかにぶつけたい日もあるでしょう。

友達とケンカをした。クラスの子がいじめられているのを見てしまった。

誰にも知られず、それをボクに伝えたい日もあるはずです。


そんなとき、このノートに書いておけば、必ずボクに伝わります。

みんなが毎日提出しているノートですから、仮にボクがノートに書かれていたことをクラスで話題にすることがあっても、自分が伝えたことは誰にもバレません。

重要な秘密は、他のたくさんのノートにまぎれて、特定できなくなります。

だから、子どもたちは安心して、本音を書ける。

それが、このノートの役割なのです。

信頼を築くための準備

みんなが毎日提出することが重要ですから、日記がひと言「おやすみ」であっても、ボクは叱りません。実際、一日に10人くらいは「おやすみ」だけです。

流石に三日連続となれば物申しますが、そうでなければ「おはよう」でも「こんにちは」でも構いません。

「今バス」と書いてきた子もいました。たぶん、通学中のバスの中で書いたのでしょう。

それでもいい。

将来、子どもたちが何かに困ったとき、安心してそのノートに秘密を書けるように、その信頼を築くための準備だからです。

しかし、ただ逃げ道としてノートを用意するだけでは、足りません。

ボクは日頃から、

「お前たちの信頼は、決して裏切らないぞ」

と伝えるために行動もしています。

あるとき、

「Aちゃんがいじめられているみたいだから、見ていてあげてほしい」

と、秘密のメッセージがノートに書かれていました。

「わかった」とコメントを残したら、まずは事実確認です。

しかし、間違っても、

「Aちゃんをいじめている人、手を挙げなさい！」

などと、騒ぎ立てることは絶対にしません。それは、Aちゃんを「いじめられっこ認定」するだけだからです。Aちゃんのもとには、

「いじめられてたの？　何か困ったことがあったらいってね」

「いじめられてたの、気づかなくてごめん」

という善意が集まってくるでしょう。

子どもたちはまったく悪意がないけれど、Aちゃんはすっかり「かわいそうな、いじめられっこ」になってしまいます。そうなったらもう、Aちゃんはクラスに居場所がありません。


ボクはまず、子どもたちを観察して、たしかにAちゃんにつらく当たっている生徒がいることを確認しました。

次に、掃除の時間や教室移動のときなど、Aちゃんが一人になるタイミングを見計らって、すっと横に行き、

「最近、どう？　ちょっと、キツイよな」

と声をかけます。Aちゃんは「うん、キツイね」と。

「わかった。先生が動くから、ちょっと待っててな」

と、ボクは解決を約束しました。


次に接触したのは、いじめっこの側です。

こちらの子も、名指しして呼び出して別室に連れて行って……などと、あからさまなことはしません。

いいタイミングを見計らって、一人になったときに話しかけました。

「なあ、最近お前、あたりがキツイなあ」

「……何の話？」

「いや、Aちゃんに対してさ。よくないと思う」

「そう？」

「自分が同じことやられたら、どんな気分になる？」

「……うん」

「わかるよな？」

「わかった」

たいていの子どもは、話せばわかってくれるものです。

子どもたちがボクを信じて、ノートに本音を書いてくれるのは、ボクがこうして問題を解決する姿を見ているからに他なりません。

タンニンなら、必要以上に大事にすることはない。

タンニンなら、なるべく傷つく人のいないやり方で解決してくれる。

タンニンなら、秘密を守ってくれる。


そう信じてくれているからです。

積み重ねが信頼になる

親と子の関係は、先生と生徒の関係とはまた違うものでしょう。

ですから、ボクのやり方がそのまま家庭で通用するわけではないことは、これまでもご説明してきた通りです。

ただ、最後の最後、お子さんが頼るのは、やはり親御さん以外にはありません。

いつかくるかもしれない未来のことを考えて、日頃から、頼れるお父さん、お母さんであることを、知ってもらう努力をすることは必要だと思います。

お子さんの言葉に耳を傾けること。

小さな悩みにも真摯に向き合うこと。

必要以上に事を荒立てないこと。

お子さんの意志を十分に汲んであげること。

問題を解決する姿を見せておくこと。


一つひとつは小さなことかもしれません。でも、その積み重ねが親御さんへの信頼へとつながっていくのではないでしょうか。

「お父さんも、お母さんも、意外と頼りになるよ?」

そんなメッセージを、上手に伝え続けてあげてほしいと思います。

ゲームは「悪い」わけではない

――大事なのは付き合い方のバランス

お子さんにやらせたいことはいっぱいあるけれど、「やらせたくないこと」もそれなりにありますよね。

その最たるものが「ゲーム」ではないでしょうか。

親御さんとの会話の中で、ゲームについてはよく話題にのぼります。

要するに、

「ゲームは良いか、悪いのか」

ということが気になるわけです。

これはあくまでボクの考えですが、ボクはゲームそのものを否定はしません。

ゲームの内容だとか、それをやるかやらないかが問題なのではなく、大事なのはバランスです。

いつやるのか。

どのくらいやるのか。

どう向き合うのか。

その「バランス」が重要なのです。


ゲームだけに没頭してしまい、宿題も勉強もしない。ご飯もろくに食べない。睡眠時間まで削ってしまう……というのであれば、これは間違いなく大問題でしょう。

しかし、それにしたってよく考えれば、ゲームそのものが問題なのではなく、ゲームとの付き合い方に問題があります。

子どもたちが、自分が自由に使える時間にゲームを楽しむというのであれば、ボクは一向に構わないと思います。


宿題も勉強もすでに終わらせている。

「何時まで」と時間を決めたら、そこですっぱりとゲームをやめられる。

勉強時間や睡眠時間には、悪影響を及ぼさない。

そういう習慣が根付いているのであれば、子どもがゲームをやることに目くじら立てることもないでしょう。

裏を返せば、こうした習慣を守ることが難しくなってしまうからこそ、ゲームが問題視されるわけですが。

ゲームを通じて子どもたちが学んだこと

小学三年生で学ぶ課題の一つに「ローマ字」があります。

要するに、アルファベットを覚え、それを使って日本語を表記する方法を学ぶわけです。

そこでボクは、子どもたちにローマ字を習得してもらうべく、学校で眠っていた古いパソコンをひっぱり出してきて、教室に設置しました。

そして、子どもたちに伝えたのです。

「このパソコンで、このゲームだけはやってもいいぞ」

やっていい、としたゲームは「寿司打」。

ネットでできる無料のタイピングゲームで、回転寿司のレーンにのって左から流れてくるお寿司が、右へ通り過ぎていくまでに、出題された言葉をローマ字でタイピングします。

難易度別にいくつかのコースがあり、タイピングのスピードやミスに応じて結果を出してくれるのです。

子どもたちは案の定、先を争って「寿司打」をやりました。

いつの間にか、ボクよりも速くタイピングする子たちも出るくらい上達したのです。

ボクが何も教えることなく、子どもたちはゲームを通してローマ字を習得し、ついでにタイピングの技術まで向上させてしまいました。


うれしい誤算もありました。

あるとき、漢字テストを作りながら、ひっかけ問題はできないものかと考えて、「しきおりおりのけしきをたのしむ」

という問題を出したのです。答えは、

「四季折々の景色を楽しむ」

おそらく子どもたちは「四季折々」という四字熟語を知らないだろう、とボクは踏んだのです。ところが、予想に反してみんな書けてしまいました。

「え！　なんでみんな『四季折々』が書けたの⁉」

ボクが驚いていると、子どもたちはケロリとしたもの。

「だって、『寿司打』で出てきたから」

これは盲点でした。

子どもたちはゲームを通して、ボクが期待した以上のことを、学んでくれていたわけです。

ゲームをきっかけにして学びの機会を作る

もしかしたら、

「それはタイピングゲームだからでしょ」

と思われるかもしれません。

言葉に関わるものですし、技術習得が目的のゲームですから、いわゆる「ゲーム機」でやるゲームとはちょっと違うんじゃないの、というわけです。

しかし、たとえば、『ドラゴンクエスト』や『ファイナルファンタジー』などロールプレイングゲームには、会話文がたくさん出てきますよね。

文字が読めなければ、ストーリーも把握できません。

子どもはその中で、知らない言葉や言い回しに出合うこともあるでしょうし、わからなければ興味を持って調べてみようとするかもしれない。

歴史上の人物が登場するゲームをすれば、その人物に興味を持ち、歴史に興味を持って、もっと知りたいと思うかもしれない。

その気持ちを上手にすくい上げることができたら、ゲームをきっかけにして学びの機会を作ることもできます。

繰り返しになりますが、大事なのはバランスです。

没頭しすぎないこと。

他の大事なことまで見失わないこと。
ルールを決めて楽しむこと。

こうして、時間と節度のバランスをとることが大事です。
ゲームをやる前に、なぜやりすぎてはいけないのか、やりすぎることでどんな悪い影響があるのか、それを避けるためにゲームとどう付き合えばいいのかについて、家族でじっくり話し合ってみてはどうでしょうか。

“ものいい方”一つで、受け止め方は大きく変わる

——「廊下を走るな！」ではなく「歩け！」

想像してみてください。

あなたは今、小学校の先生です。

廊下を歩いていると、うしろからものすごいスピードで、生徒が走り抜けていきました。あなたは先生として、その子にどんな言葉をかけますか？

たいていの人は、

「廊下は走ってはいけません！」

「こら！　走るな！」

というのではないでしょうか。ちなみにボクは、

「歩け！」

といいます。

「走るな」と「歩け」。

どちらもいいたいことは同じなのです。どちらの言葉であっても、子どもはそういわれたら廊下を走るのをやめて、歩きはじめるでしょう。

でも、二つの言葉には大きな違いがあります。

「走るな」とは要するに、「これをやってはいけないよ」という減点法の考え方をそのまま反映した言葉です。

これに対して「歩け」という言葉は、大本にある考え方は「走ってはいけないよ」という減点法なのですが、それを「ポジティブな言葉」に変えて表現しているのです。

考え方は減点法。

しかし、言葉はポジティブに変える。

そうすることによって、**いわれたほうの受け止め方は大きく変わります。**

意図的にポジティブな言葉をかけてみる

たとえば、「休み時間は、誰と遊んだの？」

というお母さんの質問に、

「今日は誰とも遊ばなかったよ」

とお子さんが答えたら、親御さんはなんと言葉をかけるでしょう。

「一人だったの？　それは寂しかったでしょう」

「誰も遊んでくれなかったの？　かわいそうに」

そんなふうに、ネガティブの方向にばかり受け取られてしまったら？

実は、ある一度の休み時間に、読みたい本を一人で読んでいただけなのに、お母さんにそういわれてしまったら、子どもは途端に「寂しい子」になってしまうのです。

もし、

「あら、何か一人でやりたいことがあったの？」

とポジティブな方向に聞いてくれれば、

「そう。読みたい本があったの」

と、笑顔で話してくれるかもしれないのです。


もちろん、場合によっては、お友だちとケンカをして一人で過ごさざるを得なかったとか、仲間はずれにされてしまって一人だったというケースも考えられます。

何事にも楽観的であれ、という意味ではありません。

ただ、話を聞いただけではネガティブなできごとに思えたことも、言葉の選び方や、そのときのお子さんの気持ち次第では、必ずしもそうでないことが往々にしてあります。


かける言葉をネガティブにしてしまえば、本当はそうではなかったのに、悪いことが起こったような気になってしまうこともあります。

意図的にポジティブな言葉をかけることで、気分もまたポジティブになっていくということはあるものです。

お子さんが必要以上に深刻な受け止め方をしないように、親御さんはあえてポジティブな言葉をかけてみてください。

お子さんは、親御さんの表情の変化や、声のトーンにはとても敏感です。

お父さん、お母さんが笑顔で受け止めてくれるだけで、ほっとして、またがんばる力をもらえるものです。

どうしたら「支度」を早く終わらせられるか？

お子さんがまた小さかったころ、たとえばお風呂に入れるにしても、一苦労ではなかったでしょうか。

遊びに夢中で入りたがらず、

「今入らないと、寝る時間がなくなっちゃうよ」

「寝る前に絵本を読む時間がなくなっちゃうよ」

と何度も声をかけては、せかした記憶はありませんか。

これは減点法による言葉のかけ方です。

今やらないことで、その後に悪い影響があることを示唆しています。子どもの心は、やりたくない気持ちと、やらなきゃと焦る気持ちでせめぎ合いをはじめます。

でもこんなとき、

「お母さん、今日はお風呂のあとで絵本を三冊読みたいと思ってるんだ」

と言ったとしたらどうでしょう？

絵本が大好きなお子さんなら、喜んでお風呂に入ろうとするかもしれません。

いいたいのは「早くお風呂に入りなさい」ということなのですが、言葉をポジティブに変えることで、

「じゃあ、やろうかな！」

とお子さんの気持ちも前向きに変える効果があります。


朝、なかなか着替えようとしないお子さんに、

「早く着替えなさい！　遅刻するわよ！」

「風邪ひくよ！　服を着なさい」

と叱るのと、

「早く着替えが終わって、早く学校に行けば、たくさん遊べるんじゃない？」

と声をかけるのと、どちらがお子さんの支度を早く終わらせる効果があるでしょう？　間違いなく後者でしょう。

嫌なこと、苦手なことでも早くやってしまいたくなるように

最近ではあまりすすめられないようですが、

「○○をしてはいけない」

といった減点法のいい方は、今のお父さん、お母さんたちの世代が受けた教育では主流だったはずです。

厳しい指導をされたことも多かったはずですし、できないことはすぐにマイナスに結び付けられました。

ただ、厳しさに耐え抜いた人たちのレベルはとても高く、伸びる人は非常に伸びるやり方ではあるのです。

また、当時は学力があり、高学歴であるほど、社会的地位も高くなることが期待できる時代でもありました。ですから、子どもたちも目標を高く持てたり、目標があるから高いモチベーションを維持することもできたわけです。

一方、今の時代は、「レベルの高い大学へ行けば、大企業に入れて、高給取りになれ、いい暮らしができる」という、幸せなストーリーを描くことは難しくなっています。行く先に明確な目標を抱きにくく、やる気を出すだけの決定的なモチベーションが無くなっています。

向かう先は不安ばかりなのに、減点法で厳しく指導されてしまうと、伸びる前に気持ちが折れてしまいかねません。

だから、言葉だけでもポジティブにするのです。

「ダメだ」
「やるな」
というネガティブな言葉を向けられたら、人は同じくネガティブな気持ちで反発してしまいがちです。

しかし、

「こっちをやろう」

「これもやってみたら」

といったように表現がポジティブに変わるだけで、いっている意味は同じでも、かなり受け入れやすくなります。

もしくは、

「嫌なことでも、できるようになったら楽しくなるかもしれないよ」

「苦手なことでも、がんばってやれば、得意なことが増えるかもしれないよ」

というふうに言い換えてあげれば、やる気がわいてくるかもしれません。

お子さんが、**嫌なこと、苦手なことでも早くやってしまいたくなるような、素敵な言葉はないものか、ぜひ探してあげてください。**

あえて「ポジティブ」に考える

——叱る前に〝解決法〟を探ってみると

「ネガティブ」を「ポジティブ」に変える。

この法則がいい効果をもたらすのは、言葉だけに限りません。

ネガティブな方向に受け止めがちな場面で、「ポジティブに考えよう」と意識することで、ものごとがいい方向へ導かれることもあります。

学校でときどき起こるネガティブなできごとといえば、誰かの物が無くなること。ペンケースに入れていたはずの分度器が無くなったり、持ってきたはずのマフラーが紛失したりするのです。

たいていは、他の荷物のなかに紛れて発見されたり、うっかり落としてしまっていて誰かが拾ってくれたりと事なきを得ます。

ただ、「物が無くなった」という事実は、それだけで気が滅入るネガティブなできごとです。

また、学校という場所で物が無くなると、

「もしかしたら、誰かが隠したんじゃないか」

「盗まれたんじゃないか」

といった疑いが脳裏をよぎり、ネガティブな展開になりがちです。

「○○さんの物が無くなりました。誰か心当たりはありませんか」

という先生の言葉が、子どもたちの耳には、

「盗んだ人、隠した人は、正直に出てきなさい」

という意味合いに聞こえてしまうことがあるわけです。

トラブルはみんなで楽しみながら解決する

でも、ボクのクラスではそうはなりません。まず、

「うちのクラスに、人の物を盗むような子も、隠すような子もいないでしょ」と子どもたちはいいます。ですから、その前提で動くのです。

たとえば、「Aちゃんのマフラーが無くなった」という報告がきたら、ボクはすぐにある音楽をかけます。

お父さん、お母さんには懐かしく感じられるであろう、ドラマ『古畑任三郎』の「メインテーマ」です。そして黒板にこう書きます。

「マフラー失踪事件」

事件を解決するべく、クラスのみんなで捜索開始です。

まずはAちゃんに事情聴取します。

ぬまっち「失踪者の肌の色は？（無くなったのは何色のマフラー？）」
A「茶色と黄色のシマシマです」
ぬまっち「身長は？（長さは？）」
A「2メートルくらい？」
ぬまっち「体重は？（重さは？）」

A「ええと、数百グラム」
ぬまっち「最後の目撃情報は」
A「昼休みに見たような気がしますが、そこからはわかりません」

失踪者ことマフラーの情報は出揃いました。さっそく捜査会議です。

ぬまっち「無くなったのはいつ、どこだと考えられる？」
生徒B「昼休みかな」
生徒C「外に出るときに巻いていったのかも？」
生徒D「もし、暑くなって上着を脱いだときに落としたとしたら……あのあたりが怪しい」

捜索会議の結果、マフラーを落とした地点に目星がついたら、第二段階。
こちらもまた懐かしいドラマ「踊る大捜査線」のテーマ『RHYTHM AND POLICE』が教室に響きわたると、子どもたちは一斉に教室を飛び出して行きました。

マフラーの捜索に向かったのです。

紆余曲折ありましたが、最終的には玄関口の靴箱の上でマフラーは発見されました。

発見者がマフラーを手に戻ってくると、

「てててーてーてーてってってー」

RPGゲーム「ファイナルファンタジー」の『勝利のファンファーレ』を流し、さらに教室の窓から旗を出して捜査終了です。

旗は、外に探しに行った子どもたちに送る、

「発見されたから戻ってきなさい」

というサイン。

これにて一件落着というわけです。

ボクのクラスではこうして、「物が無くなった」というトラブルを、みんなで楽しみながら解決します。

ポジティブに対応するには？

このやり方は、子どもたちがボクを先生として信頼してくれていること、それから、大人数でワイワイやるから盛り上がります。

ですから、そっくりそのままのやり方をご家庭に持ち込むのは難しいでしょう。

でも、ポイントだけ押さえておけば、十分に利用できます。


もし、お子さんが「大事な本を無くした」といってきたら？

「どうして、きちんと管理しないの！」

「無くさないように片付けしなさいって、いつもいってるでしょ！」

と叱ってしまうかもしれません。

でも、叱ったところで無くしものは見つからない。

それに、お子さんはすでに罪悪感や後悔に苛まれているはずです。

ネガティブに傾いてしまったお子さんの気持ちに、あえてポジティブな言葉をぶつけてみたらどうでしょうか。

「よし。今からあなたは『探偵』です。本はどこにあるのか探偵になったつもりで推理してみよう。最後に本を見たのはいつ、どこだった？」

叱られるかも、と不安になっていたお子さんは意表をつかれるかもしれませんね。

できるだけ楽しく探して、見つかったあとに、

「よかったね。でも、次は無くさないように、お片付けをちゃんとして、きちんと管理するのよ」

とひと言クギを刺しておけば、ポジティブな気持ちになっているお子さんは、素直にその言葉を受け止めてくれるはずです。


「ネガティブ」を「ポジティブ」に変える。

無くしものに限らず、この法則はかなり効果的です。

叱る前に、

「ポジティブに対応する方法はないかな？」

と、知恵を絞ってみれば、新たな解決法が見つかるかもしれませんよ。

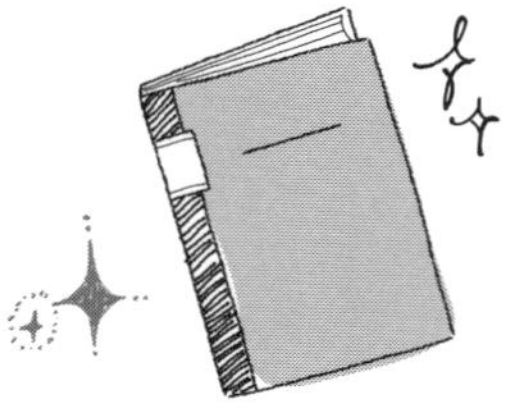

〝本音〟は「タイミング」と「聞き方」で引き出せる

――話すこと、話さないことを選択するのは「成長の証」

ボクはよく、

「子どもたちのことが、よくわかりますね。さすがですね」

と褒められるのですが、何か特別な能力があるわけではありません。

単に、学校のクラスという場所で、30人以上の子どもたちを、一度に見ているからわかるだけです。

教室の一番前に立って、子どもたちの顔をぐるりと見渡せば、

「あの子は、どうも沈んでるな」

「この子は、いつもの元気がないな」

とすぐにわかります。一番調子が悪そうに見える子に、

「どうしたの？」

と声をかければ、たいていは悩み事があったり、困っていたりするものです。

子どもたちを一度に見渡すからわかるだけであり、ボクのこのワザはご家庭では使えないのです。

お風呂とお布団

でも、ご安心ください。ご家庭でお子さんの本音を聞きたいときに有効な方法もあります。

ポイントはたった2つ。

一つは「タイミング」。二つめは「聞き方」です。

まず、タイミングですが、お子さんがぽろりと本音をこぼすとしたら、たいていはお風呂に入っているときか、布団に入って寝る直前でしょう。

一緒にお風呂に入って、頭を洗ってもらっているとき。

布団に入って、掛け布団をかけてくれたとき。

ほっとして、気が緩んで、喉元でとどめていたはずの言葉がこぼれるのです。

それからもう一つ、重要なタイミングがあります。

学校から帰ってきたときの、お子さんの表情です。

家の外から中へと足を踏み入れ、今日も無事に安全地帯に帰ってくることができたとほっとしたときの、お子さんの表情をしっかり見てあげてほしいと思います。

ボクは、朝、登校してきた子どもたちの表情を、気をつけて見るようにしています。

「どうも、表情がいつもと違うな」と感じた子に声をかけると、家を出る前にお母さんと大喧嘩をしていたり、お父さんに大目玉をくらっていたりするものなんです。


もっとも、帰ってきたお子さんの表情がひどく沈んでいたとしても、

「何かイヤなことでもあったの？」

とストレートに聞いてしまえば、高学年のお子さんほど、

「何もないよ！」

と、会話を打ち切られてしまいかねません。かといって、

「今日、学校どうだった？」

と聞くのも、当たり障りがなさすぎます。

幼いお子さんは、どんな些細なことでもお父さん、お母さんに聞いてほしがります。放っておいても、なんでも話してくれます。

でも、小学生になり、成長するに従って、次第に話してくれなくなるものです。

1、2年生であればまだしも、3年生にもなってくれば、

「別に」

「普通」

程度の返事しかしてくれなくなるでしょう。

ここで、

「普通って何よ？　一日学校にいて何もなかったの？」

と、親御さんが不機嫌になってしまったら、お子さんはもう何も話したくなくなるはずです。

なぜなら、お子さんは間違っていないのです。文字通り「普通」だったのです。

学校は毎日特別なできごとが起こる場所ではありません。

たいていお子さんは、いつもどおりに授業を受けて、給食を食べて、合間にちょっと遊んで帰ってくるのです。

取り立てて話題になるような事件やイベントが、毎日起こるわけがないのですから、お子さんの返事は正当です。

何某かはあったけれど、伝えたいようなことはないのです。

考えてもみてください。仕事から帰ってきて毎日のように、

「今日、仕事どうだった？」

といわれても、とくに話すようなことはありませんよね。

毎日だいたい同じような仕事をこなしているし、それを細かく話したところでおもしろいものでもない。

それなのに連日聞かれたら、うんざりしませんか？

お子さんも同じ気持ちなんです。

子どもの話はあくまで「子ども視点」

また、誤解を恐れずにいいますが、小学生も高学年になってきたら、お子さんの話

は話半分で聞くぐらいがちょうどいいのではないかと思います。

ここでいう「話し半分で聞く」とは、半分は疑ってかかれという意味ではありません。**お子さんの話はあくまで「お子さん視点」のものであって、他の人から見た視点や印象を合わせれば、また違った風景が見えてくるかもしれない**ということです。

高学年にもなれば、隠し事をすることもあるし、自分の都合の悪いことは黙っていたりもします。

時としてウソ——それもかなり巧妙なウソをつくこともあります。

つらいことがあっても、なかなか打ち明けられないこともあります。

お子さんの情報をなかなか聞けなくなれば、親御さんは心配になるでしょうし、昔のようにもっと何でも話してほしいと思うかもしれません。

でも、それが成長なのです。

話すこと、話さないことを選択するようになるのは、お子さんがちゃんと、精神の面でも順調に成長している証なのだと思います。

お子さんが「いじめられた」と泣けば、親御さんは心配し、心を痛め、怒りを覚えて、子どものために何とか問題を解決してあげたいと奔走するでしょう。

その行動がお子さんを救う場合も、もちろんあります。

でも、ときには、

「確かにお友だちに叩かれてしまったけれど、その前に我が子のほうがひどくその子を罵っていた」

という事実を子どもが隠していたと、わかることもあるでしょう。

もちろん、お友達が「叩く」という暴力をふるったことは、たとえどんな理由があろうと許されることではなく、きちんとした対応をとってもらうことが必要です。

そのうえで、お子さんに対しても、言葉でお友達を傷つけたことに気づかせなければならないと思います。

だからこそ、お子さんのネガティブな発言について、まるごと鵜呑みにするのは早計かもしれません。

お子さんを信じることはもちろん大事ですが、

「もしかしたら、別の事実があるかもしれない」

「都合の悪いことが、隠されているかもしれない」

という気持ちだけは、心の片隅に置いておいたほうが無難かもしれません。

頭に血がのぼった状態のまま対処しようとせず、心を落ち着かせ、冷静になって、客観的な視点でいられるように意識することが肝心です。

具体的にピンポイントで聞く

ただ、お子さんが、学校のことについて、友達のことについて、事細かに話をしなくなれば、親御さんはさみしく思うかもしれません。

それも成長の証だとわかっていても、

「それでも、本音を知りたい」

「つらいことを隠していないか、気になって仕方がない」

そう心配になる親御さんもいるでしょう。


ここが、第二のポイント。

「聞き方」です。

お子さんの様子がひどく気になり、どうにかして閉ざされた口を開いてもらいたいというときには、より具体的に聞いてあげてください。

「今日の給食、カレーだったよね。おいしかった？」

「社会は何を習ったの？」

「昨日お休みだった○○くんは、もう学校に来てた？」

「体育では何をしたの？」

このようにピンポイントに聞くのです。

そして、お子さんから元気で明るい返事が、すぐにもらえることを期待しないでください。そっけない返事であっても、ないよりはいい。気長に、根気強く、質問を続けてみましょう。

「今日、社会は何を習ったの？」

「日本」

「日本の、何？」

「工業」

「工業地帯のこと？　それか、製鉄とか自動車とか？」

と、質問を重ねていけば、そのうちお子さんが「そういえば、こんなことあったな」と、自ら語りはじめる可能性はあります。

数少ないその金脈を掘り当てるべく、質問という名のスコップでひたすらお子さんを掘り進めていくのです。

エピローグ

親御さんの最も大切なつとめは「無条件の愛情」と「自信」をお子さんに与えること

さて、ここまでいろいろなことを書いてきました。

ボクの教師としての経験の中から、親御さんたちが困ったとき、悩んだときのヒントにしていただけそうなものをご紹介してきました。

そして最後に、お父さん、お母さんに伝えるべきことがあります。

子どもたちのためにと考えたとき、ボクにはできない、お父さん、お母さんにしかできない大切なことがあるのです。

たとえば、家に帰ったら、お父さん、お母さんと顔を合わせて話ができるということ。

ごはんに、お味噌汁に……と、温かい食事が食べられること。
気持ちのいいお風呂に入れること。
清潔なお布団でゆっくりと休めること。
目を覚ましたら、お父さん、お母さんに「おはよう」がいえること。

こうしてあたりまえに生活ができることは、お子さんにとってかけがえのないものであるとボクは思います。

正しいお箸の持ち方や、食事のマナーを教えてもらえること。
一人で着替えられ、トイレに行けて、歯を磨けるよう教えてもらえること。
洗濯物を畳んだり、お風呂掃除をしたりと、お手伝いをする機会があること。
こうした「生活」についての学びも、ご家庭だからこそできるものです。
お子さんのためになるのは、勉強やスポーツばかりではありません。

お父さん、お母さんといった、自分のことを無条件に愛し守ってくれる人が家にいてくれること、生活をともにしてくれることは、お子さんにとって決して代わりのきかないものです。


学力面で不安があるなら、いっそ学校や塾に任せてみてはどうでしょう。

習い事が伸び悩んでいるなら、そちらの先生に一度相談してお任せしてみては？

家庭の外の人に任せてしまう機会があってもいいと、ボクは思います。


ただ、外から疲れて帰ってきたお子さんを、家で温かく迎えてあげてください。

おいしいものを用意して、心地よいお布団で、ゆっくり休ませてあげてください。

お子さんにとってそれだけは、お父さん、お母さん以外の人からは得られないものです。


お父さんが、お母さんが、元気でいてくれること。

実は、お子さんはそれで十分なんです。

お子さんが親御さんにとって世界一の子であるように、お子さんにとっては、世界一のお父さん、お母さんなのですから。

そのことを忘れないでいてほしいと思います。

さて最後になりましたが、これまで担当した子どもたちや教育実習生、いつもあたたかく見守っていただいている保護者のみなさまや学校関係者のみなさまに、この場を借りてお礼申し上げます。

特に本書では、平成29年度（２０１７年度）東京学芸大学附属世田谷小学校４年３組、通称「6代目世界一のクラス」の事例を多く載せています。

本当に本当にありがとう。

沼田晶弘

著者紹介

沼田晶弘（ぬまた・あきひろ）

国立大学法人東京学芸大学附属世田谷小学校教諭
学校図書「生活科」教科書著者
ハハトコのグリーンパワー教室講師
1975年東京生まれ。東京学芸大学教育学部卒業後、アメリカ・インディアナ州立ボールステイト大学大学院で学び、インディアナ州マンシー市名誉市民賞を受賞。スポーツ経営学の修士を修了後、同大学職員などを経て、2006年から東京学芸大学附属世田谷小学校へ。
児童の自主性・自立性を引き出す、斬新でユニークな授業はアクティブ・ラーニングの先駆けといわれ、数多くのテレビや新聞、雑誌などに取り上げられている。
教育関係のイベントはもちろんのこと、企業向けの講演も精力的に行っている。
著書多数。

Twitter　ぬまっち（沼田 晶弘）@小学校教諭／@88834

■ Special Thanks
〈6代目世界一のクラス〉こと平成29年度（2017年度）
東京学芸大学附属世田谷小学校4年3組

家《いえ》でできる「自信《じしん》が持《も》てる子《こ》」の育《そだ》て方《かた》　〈検印省略〉

2018年　11月　15日　第1刷発行
2019年　4月　25日　第2刷発行

著　者――沼田 晶弘（ぬまた・あきひろ）
発行者――佐藤 和夫

発行所――株式会社あさ出版
〒171-0022　東京都豊島区南池袋2-9-9 第一池袋ホワイトビル 6F
電　話　03 (3983) 3225（販売）
　　　　03 (3983) 3227（編集）
F A X　03 (3983) 3226
U R L　http://www.asa21.com/
E-mail　info@asa21.com
振　替　00160-1-720619

印刷・製本 美研プリンティング（株）
乱丁本・落丁本はお取替え致します。

facebook　http://www.facebook.com/asapublishing
twitter　http://twitter.com/asapublishing

ISBN978-4-86667-103-1 C0037